AF359882

L'ARMÉE ITALIENNE

DANS LA

GUERRE ITALO-TURQUE

(1911-1912)

Traduit de la relation officielle italienne

PAR LE

Lieutenant-colonel MORIER

PARIS

LIBRAIRIE CHAPELOT

MARC IMHAUS & RENÉ CHAPELOT ÉDITEURS

3o, Rue Dauphine, VIᵉ (Même Maison à Nancy)

1913

L'ARMÉE ITALIENNE
DANS LA GUERRE ITALO-TURQUE
(1911-1912)

L'ARMÉE ITALIENNE

DANS LA

GUERRE ITALO-TURQUE

(1911-1912)

Traduit de la relation officielle italienne

PAR LE

Lieutenant-colonel MORIER

PARIS

LIBRAIRIE CHAPELOT

MARC IMHAUS & RENÉ CHAPELOT ÉDITEURS

3o, Rue Dauphine, VI* (Même Maison à Nancy)

1913

L'ARMÉE ITALIENNE
DANS LA GUERRE ITALO-TURQUE
(1911-1912)

NOTE DU TRADUCTEUR

Il y a quelques mois a paru en Italie, publié par les soins du Ministère de la Marine, un résumé du rôle joué par la Marine pendant la guerre italo-turque. Pour différentes raisons, nous avons pensé que sa lecture pouvait être intéressante : sa traduction a paru dans le *Journal des Sciences militaires.*

A son tour, l'Etat-Major Général italien vient de faire paraître un document officiel sur cette guerre. De cette brochure, éditée avec beaucoup de soins et un véritable luxe de reproductions photographiques, il n'est guère possible de tirer des conclusions très précises en ce qui concerne la technique militaire de l'armée italienne (organisation, équipement, tactiques de marche, de sûreté, de combat, emploi et exécution des feux, etc.); d'ailleurs, tel n'a pas été le but de l'auteur qui a pris soin de nous en avertir : il a voulu, avant tout, montrer la grandeur de la tâche et la grandeur de l'effort. Il s'est donc appliqué, dans un résumé aussi complet que possible, à faire ressortir les multiples et très sérieuses difficultés que les troupes ont dû surmonter pendant la campagne, les fatigues et les privations qu'elles ont eu à supporter, les pertes qu'elles ont subies, les succès qu'elles ont remportés et les brillants résultats qu'elles ont su obtenir de concert avec la Marine et les autorités civiles.

A ce titre, la brochure est bien faite pour donner aux Italiens le droit d'être fiers de leur armée et à leurs amis celui de partager leur satisfaction.

Ce n'est d'ailleurs pas le seul intérêt qu'elle présente pour nous. En nous donnant, dans une synthèse très claire, très précise, le récit des événements survenus, elle nous permet de déterminer les faits qui sont susceptibles, au point de vue de notre instruction militaire, de retenir notre attention et de mériter une étude ultérieure et plus détaillée.

D'un autre côté, si on veut comprendre le pourquoi des événements qui ont suivi la conclusion de la paix, de ceux qui se déroulent actuellement et de ceux qui auront lieu dans l'avenir, il est indispensable de connaître ce qui s'est passé pendant la campagne.

Enfin, personnellement, nous sommes heureux de saisir l'occasion de donner un témoignage de sympathie aux camarades et aux amis que nous comptons dans l'armée italienne, en contribuant à faire connaître en France un document aussi élogieux pour cette armée.

Telles sont les raisons qui nous ont amené à entreprendre la traduction de la brochure italienne et à la présenter à nos camarades.

Lieutenant-colonel MORIER.

Nous avons cru devoir conserver aux noms propres leur orthographe italienne; la lecture des cartes en sera facilitée.

AVANT-PROPOS

Les divers correspondants des journaux italiens ont raconté l'histoire de la dernière guerre, au jour le jour, sous l'impression immédiate des événements, dans une langue brillante, imagée, toute vibrante de patriotisme. Ils ont raconté également ce que nous avons fait au point de vue civil et politique, en Lybie et dans la mer Egée; enfin, ils ont donné le récit, mais avec moins de détails, en raison de leur manque de renseignements et de la réserve qu'ils devaient observer, des opérations de la mobilisation et de toutes les mesures qui furent prises pour donner à nos bases d'opérations la sécurité qui leur était nécessaire et maintenir nos troupes en état de remplir leur mission.

Toutefois, pour donner une intelligence claire et complète de ce que fut la guerre, il a paru opportun de dépeindre, dans une synthèse rapide et méthodique, toute l'activité dont l'armée fit preuve, en envisageant successivement la mobilisation, les opérations militaires, les services et le rôle que les autorités militaires purent jouer au point de vue civil et politique grâce à la coopération efficace et toute cordiale du personnel civil qui fut appelé dans la colonie quelques mois après le début de la guerre.

Cette publication n'est donc qu'un exposé sommaire de tous les événements qui seront ultérieurement racontés en détail dans la relation officielle de la guerre italo-turque.

I

LA MOBILISATION

La question tripolitaine avait été agitée depuis long-temps en Italie, mais l'opinion publique s'y intéressa surtout après l'avènement du nouveau régime turc qui, par tous les moyens possibles, commença à créer des difficultés au développement pacifique de notre commerce, de nos industries, et d'une manière générale, de toutes nos entreprises, et cela non seulement en Tripolitaine et en Cyrénaïque, mais encore dans toutes les villes de l'empire. Cette situation s'aggrava lorsque la question marocaine, soulevée de nouveau, parut devoir aboutir rapidement à une solution définitive qui, en modifiant ultérieurement l'équilibre de la Méditerranée à notre désavantage, fit comprendre que le droit de l'Italie d'avoir en Tripolitaine une sphère d'influence assurée et en rapport avec ses intérêts maritimes ne pouvait plus rester à l'état de simple aspiration.

Notre gouvernement adressa donc à la Porte une demande en ce sens et, en attendant sa réponse, prit ses dispositions pour préparer une expédition militaire de manière à pouvoir convaincre éventuellement la Turquie de notre intention bien arrêtée de voir respecter notre prestige de grande puissance et les droits que les autres nations nous avaient reconnus.

Il en résulta une mobilisation spéciale; ce fut, pour notre armée, depuis la guerre de l'unité de l'Italie, la première expérience de mobilisation effectuée sur une vaste échelle; dans ce patient travail d'organisation et de préparation, l'autorité militaire dut tenir compte, indépendamment des exigences particulières inhérentes au caractère de l'expédition, de la nécessité de ne pas compromettre une mobilisation générale éventuelle succédant à cette mobilisation spéciale.

Pour satisfaire à ces conditions, on résolut tout d'abord, de constituer le corps expéditionnaire à l'aide d'unités constituées (régiments d'infanterie, escadrons, batteries, compagnies du génie, compagnies sanitaires et compagnies de subsistances) tirées de divers corps d'armée et de les doter d'organes et de services de deuxième ligne, de manière à créer un corps autonome; on lui donna en outre des matériels spéciaux et on remplaça les voitures régimentaires (à l'exception des canons et des caissons de l'artillerie de campagne) par de nombreux équipages et véhicules plus légers.

Pour diminuer le nombre de formations sanitaires fournies par l'armée, on eut recours aux ressources de la Croix-Rouge (ambulances de montagne et hôpitaux de guerre).

Enfin, il fut décidé qu'aussitôt la mobilisation décrétée, les autorités intéressées remplaceraient les matériels et services que les unités sous leurs ordres passeraient au corps expéditionnaire et qui feraient défaut en cas de mobilisation générale.

En n'envisageant que l'envoi outre-mer d'une partie et même d'une faible partie de l'armée, on voit donc que cette mobilisation spéciale devait demander, tant au point de vue de la préparation que de l'exécution, le concours de presque tous les centres de mobilisation, dans une mesure plus ou moins large, il est vrai, et dans des conditions toutes différentes de ce qui est prévu en cas de mobilisation générale; on voit également que cette mobilisation spéciale devait donner lieu à un mouvement considérable de troupes et de matériels, ainsi qu'à de nombreux achats de ces mêmes matériels. Il en résulta la nécessité absolue de prendre des dispositions détaillées, parfois même minutieuses, en vue de mettre toutes les autorités intéressées en état de remplir les fonctions de leur charge de manière à avoir rapidement un organisme d'un fonctionnement assuré lorsque les commandements, les unités et les services auraient été constitués.

La composition du corps d'armée expéditionnaire fut la suivante :

Un commandement de corps d'armée;

Deux divisions comprenant chacune deux brigades de 2 régiments d'infanterie avec une section de mitrailleuses, 2 escadrons de chevau-légers, un régiment d'artillerie de campagne à 4 batteries de 75-A, une compagnie de sapeurs avec son parc et des services divisionnaires d'équipages et d'animaux de bât;

Des troupes complémentaires, soit deux régiments de bersagliers, un régiment d'artillerie de campagne à 4 batteries, un groupe de 2 compagnies d'artillerie de forteresse, 1 bataillon de 2 compagnies de sapeurs avec son parc, une compagnie de télégraphistes avec son parc, 4 stations radio-télégraphiques de campagne et des services d'équipages et d'animaux de bât;

Une intendance et des services de deuxième ligne sans moyens de transport (à l'exception d'une colonne spéciale de voitures);

Les services de la Croix-Rouge.

Total du corps d'armée : environ 34.000 hommes, 6.300 chevaux, 1.050 voitures, 48 pièces de campagne et 24 canons de montagne.

A toutes les difficultés inhérentes aux opérations spéciales d'une mobilisation vinrent s'ajouter un certain nombre de complications, les unes prévues, les autres provenant des conditions particulières dans lesquelles cette mobilisation était effectuée, parmi lesquelles on peut citer :

Le renvoi de presque toute la classe 1889 qui avait eu lieu quelques jours auparavant;

La situation du royaume au point de vue sanitaire qui

ne permit pas de rappeler les hommes de certaines circonscriptions;

La nécessité d'effectuer l'embarquement des troupes sans entraver le mouvement normal des ports, en particulier celui de Naples, choisi comme port d'embarquement principal;

L'obligation d'affréter des vapeurs pour le transport des troupes sans porter préjudice au trafic maritime du pays;

L'opportunité reconnue de doter d'un équipement grisvert les éléments combattants du corps expéditionnaire alors que le nouvel uniforme n'était pas encore adopté pour toute l'armée.

Quoique les autorités militaires n'aient rien oublié, ainsi que les faits l'ont montré, puisque les dispositions prises avec le concours des commandements territoriaux furent aussi parfaites que possible, il est évident qu'on ne pouvait savoir à l'avance les résultats que donneraient la mise en pratique de règles très nombreuses, quoique très simples, et l'exécution d'opérations entièrement nouvelles pour toutes les autorités auxquelles elles incombaient.

Comme on le sait, après avoir tergiversé dans sa réponse aux réclamations de notre gouvernement et n'avoir tenu aucun compte des remontrances qui lui furent faites au sujet des envois de troupes et de matériel en Tripolitaine, la Turquie répondit finalement à l'ultimatum d'une manière évasive. Le 25 septembre 1911, on lançait donc l'ordre de mobilisation en fixant au 28 du même mois le jour auquel elle commencerait. Le corps d'armée fut constitué comme il a été dit et les unités furent composées d'hommes de la classe 1890 présents sous les drapeaux et d'hommes de la classe 1888 rappelés à l'activité. L'aménagement des transports à vapeur eut lieu par les soins de la marine royale avec toute la rapidité désirable et les différents matériels arrivèrent régulièrement dans les villes choisies comme ports d'embarquement. D'autre part, chaque jour, on recevait d'innombrables demandes adressées par des officiers désireux de faire partie du corps expéditionnaire, de nombreux soldats de la classe 1888 demandaient également à partir, et une foule d'ecclésiastiques et de religieux de divers ordres sollicitaient leur affectation aux formations sanitaires du corps expéditionnaire : on désigna le nombre nécessaire.

A peine la mobilisation était-elle commencée que l'autorité militaire jugea opportun de prescrire que, dans tous les centres de mobilisation, on établirait des rapports sur la marche des opérations en prévision des conclusions qu'il serait possible d'en tirer au sujet soit de l'organisation éventuelle d'unités de réserve, soit d'une mobilisation générale.

De ces rapports ainsi d'ailleurs que des manifestations de l'opinion publique qui se produisirent aussi bien dans notre pays qu'à l'étranger, on peut déduire, d'une manière certaine, semble-t-il, que, grâce au zèle et à la bonne volonté dont tout le monde fit preuve, la mobilisation s'est effectuée dans toutes les conditions de rapidité et de bon ordre désirables.

Mais la situation en Libye ne tarda pas à se modifier et il fallut envoyer des forces bien supérieures à celles qu'on avait prévues primitivement. Les rapports relatifs aux opérations qui avaient été effectuées conformément à des règles déterminées, permirent d'apporter certaines améliorations à ces règles en vue de mobilisations ultérieures imprévues; d'autre part, les bons résultats obtenus nous facilitèrent dans une large mesure les moyens de prendre dans le minimum de temps les dispositions nécessaires à ces nouvelles mobilisations.

C'est ainsi que du milieu d'octobre à la fin de décembre nous pûmes encore mobiliser :

2 commandements de divisions (3ᵉ et 4ᵉ),

7 brigades d'infanterie (du numéro V au numéro XI) et 1 régiment (le 30ᵉ),

6 bataillons alpins,

1 régiment de bersagliers,

8 escadrons,

6 batteries de campagne (modèle 1906),

11 batteries de campagne de 75-A,

8 batteries de montagne,

7 compagnies d'artillerie de forteresse pour le service de cinq batteries de 149, une batterie d'obusiers de 149 et une batterie de mortiers de 210,

5 compagnies de sapeurs et 4 compagnies de mineurs avec leur parc, 1 compagnie de télégraphistes, 1 section d'aérostiers, des unités aéronautiques, 2 stations radio-télégraphiques et des parcs photoélectriques,

des services divisionnaires pour les 3ᵉ et 4ᵉ divisions,

2 hôpitaux de campagne de 50 lits, 4 de 100 lits, 2 ambulances de montagne de la Croix-Rouge,

1 section de boulangerie modèle 1897,

des unités de différents services pour les diverses garnisons,

Soit un total, en plus de la première expédition, d'environ 55.000 hommes, 8.300 chevaux, 1.500 voitures, 84 canons de campagne, 42 de montagne et 26 bouches à feu de siège.

En outre, de janvier à octobre 1912, on organisa dans les différentes localités de la Libye et de la mer Egée des commandements en rapport avec les exigences de la situation; d'autre part, on mobilisa 4 bataillons d'alpins, 7 bataillons d'ascaris de l'Erythrée et un escadron de méharistes; enfin, on envoya des dirigeables et on donna un très grand développement aux flottilles d'aviateurs.

En même temps, on transportait les approvisionnements et les hommes de complément nécessaires pour remplir les vides causés dans le corps expéditionnaire par les pertes dues aux engagements et aux maladies et pour remplacer les hommes de la classe 1888 qui avaient été renvoyés en avril et mai (30.000 hommes) ainsi que ceux de la classe 1889 qui avaient été libérés dans les mois de juillet et août (36.890 hommes).

Le mouvement sur les voies ferrées qui en résulta fut réellement considérable; il suffira de mentionner que, de septembre 1911 au 30 juin 1912, — comme le mentionne le rapport de l'administration des chemins de fer pour l'année 1911-1912, — les transports effectués sur l'ensemble des différents réseaux à l'occasion de la guerre de Libye se montèrent à un total de 2.949 officiers, 184.290 hommes de troupe, 10.650 animaux et 585 voitures. En outre, on effectua d'énormes transports de munitions et d'explosifs, de matériel d'artillerie et de matériel aéronautique. La majeure partie de ces transports furent effectués dans les mois d'octobre et de novembre 1911, au moment où, comme nous l'avons déjà dit, avaient lieu les transports occasionnés par l'envoi en congé des hommes de la classe 1889 appartenant aux corps d'armée de Naples et de Palerme et par l'appel sous les drapeaux de la classe 1891; aussi, dans les deux mois précités, le total des hommes transportés en chemin de fer se monta-t-il à plus de 250.000 hommes. Malgré ces mouvements extraordinaires, il n'en résulta aucune perturbation dans le transport des voyageurs et des marchandises.

Les résultats obtenus dans la période de la mobilisation qui n'avait pas été préparée avant la guerre ont montré que, malgré toutes les difficultés, les dispositions prises en toute hâte ont pu être exécutées complètement et avec tout le soin désirable, grâce aux règles si sages prévues précédemment et parce que la plupart des centres de mobilisation étaient désormais habitués au travail qui leur incombait. Le résultat final a prouvé que s'il était désirable de pouvoir exécuter des opérations de cette nature dans des conditions fixées par des règles connues de tout temps et de tout le monde, néanmoins, avec de la bonne volonté, de l'enthousiasme, du zèle et de l'intelligence, on pouvait arriver à surmonter les difficultés inhérentes à l'exécution d'ordres donnés à l'improviste; les inconvénients signalés ont été, en effet, complètement négligeables.

La prodigieuse activité déployée par le personnel de la marine royale et par ceux des services des chemins de fer, des postes et des télégraphes a beaucoup contribué à l'heureux résultat des opérations de la mobilisation.

II

LES OPÉRATIONS MILITAIRES

On a vu les mesures prises en septembre 1911 par le ministre de la Guerre en vue d'une action militaire en Libye dans le cas où l'accord diplomatique avec la Turquie ne pourrait aboutir.

De son côté, le ministre de la Marine mobilisait la flotte et faisait tous les préparatifs nécessaires pour le transport éventuel en deux échelons du corps expéditionnaire; l'ordre était donné aux places fortes de Tarente et de Brindisi, ainsi qu'à la défense maritime de Messine de prendre toutes les dispositions prévues par l'état de guerre en ce qui concerne le front de mer; les autres places et le service des défenses côtières recevaient également l'ordre de considérer comme ouverte la période de tension politique[1]. Enfin, on faisait établir une station radiotélégraphique à Vittoria et on en tenait une autre prête en cas de besoin

La Turquie avait quelques troupes dans le vilayet de Tripoli, soit 5.000 hommes environ en Tripolitaine et 2.000 en Cyrénaïque; les fortifications élevées sur les côtes étaient anciennes, médiocrement armées et, par suite, de peu de valeur; d'autre part, on pouvait admettre que les tentatives faites par les Turcs en vue de constituer des unités de « rédifs » arabes n'avaient pas réussi.

La guerre, pour des raisons d'ordre politique, avait été déclarée à un moment où les conditions maritimes allaient cesser d'être favorables; on avait donc la certitude de rencontrer de grandes difficultés dans les débarque-

---

[1] Littéralement « la période d'alarme en temps de paix ».

Morier.

ments et les ravitaillements; mais, d'autre part, tout retard dans les opérations aurait fortement diminué notre prestige et augmenté les difficultés de l'entreprise. Or, la Turquie n'aurait certainement pas manqué de profiter de ce retard pour envoyer en Libye de nouvelles troupes, des armes, des munitions et des vivres, ainsi que pour soulever en masse les Arabes contre nous.

Dans l'espoir que la prise de possession de quelques points de la côte de Libye pourrait peut-être suffire pour obtenir la solution de la question par voie diplomatique, les premières expéditions eurent pour but l'occupation des centres côtiers les plus importants au point de vue politique et maritime : Tripoli, Tobruk, Derna, Bengasi, Homs.

Puis, lorsqu'on eut constaté l'hostilité manifeste des Arabes soulevés et organisés par les Turcs, on dut renforcer très sensiblement le corps d'occupation et constituer de solides bases d'opérations destinées à permettre notre action dans l'intérieur du pays dans le cas où la résistance ennemie ne viendrait pas se briser dans ses attaques contre nos ouvrages.

D'autre part, comme il devenait toujours plus évident que cette résistance s'alimentait par la contrebande de guerre organisée sur une vaste échelle qui s'effectuait par les frontières de la Tunisie, de l'Egypte et sur quelques points de la côte que nous n'occupions pas, on dut en outre prendre les mesures nécessaires pour intercepter autant que possible les voies par lesquelles s'opérait le ravitaillement de l'ennemi. Nous fûmes donc conduits à nous établir dans la région de Zuara et de Misurata près du golfe de la Syrte; ce fut également une des raisons qui nous firent occuper le Dodecaneso dans la mer Egée.

En même temps, la marine militaire, outre sa tâche de veiller à la sécurité des convois et de prendre part autant qu'elle le pouvait à de nombreuses opérations de débarquement, faisait preuve d'une hardiesse admirable dans des combats qu'elle livrait pour son propre compte dans la mer de Libye, dans la mer Rouge, sur les côtes de l'Yemen, sur les côtes de Syrie et dans le détroit des Dardanelles. Par suite, le théâtre des opérations, d'abord limité à la côte de la Libye et à la Méditerranée centrale, s'étendait peu à peu à tout le bassin de la Méditerranée et à la mer Rouge, intéressant ainsi les côtes de trois continents.

Durant les douze mois que dura la guerre, les troupes et les équipages eurent continuellement l'occasion de donner des preuves de leur instruction technique et de leurs qualités militaires en supportant avec une rare abnégation de lourdes et continuelles fatigues; grâce à la valeur de notre matériel et à l'habileté·de nos officiers, nos bâtiments, malgré une longue période de navigation et les nombreux bombardements qu'ils exécutèrent, conservaient à la fin de la guerre toute leur aptitude à faire campagne.

Le récit des opérations est brièvement résumé ci-après et comprend :

a) Les premières occupations (octobre 1911);

b) La constitution des bases d'opérations (jusqu'en mars 1912);

c) La poursuite à outrance des opérations militaires en Libye et dans la mer Egée (d'avril 1912 à la conclusion de la paix).

LES PREMIÈRES OCCUPATIONS
(Octobre 1911.)

Occupation de Tripoli. — Le début des hostilités est marqué par les brillants exploits bien connus de nos torpilleurs dans la mer Ionienne, le bombardement et la destruction des forts de Tripoli et la prise de la ville par un corps de 1.700 marins. Pendant toute une longue semaine qui dura jusqu'au 11 octobre, jour du débarquement des premières troupes du corps d'occupation, cette poignée d'héroïques marins eut à repousser les attaques les plus violentes que les Turcs ne cessèrent de tenter chaque nuit; ce fut seulement le 12 octobre qu'ils rentrèrent à leur bord.

On dut bientôt se rendre compte que la situation politique et militaire était tout autre qu'on se l'était d'abord imaginé. Les populations de la côte et celles de l'intérieur qui étaient les plus proches se montraient hostiles; une propagande turque très efficace, alimentée sans interruption par des secours en armes, en hommes et en argent, attisait leurs haines et ranimait leur confiance dans le succès de leurs armes. Aussi, la garnison turque se transformait-elle peu à peu et arrivait-elle à ne constituer en quelque sorte que les cadres des bandes arabes; Turcs et Arabes mettant à profit leur admirable connaissance d'un pays extrêmement coupé et des plus dangereux, se montraient des adversaires capables de prolonger la lutte. En outre, leur fanatisme religieux et leurs instincts sauvages fomentaient la rébellion à Tripoli et sur les derrières immédiats de nos lignes de défense.

Combats de Henni Sciara Sciat (23 octobre);
et de Henni Bu Meliana (26 octobre).

Cette rébellion éclata le 23 octobre (Henni Sciara Sciat); dans cette journée et dans les combats du 26 octobre (Henni Bu Méliana) toutes nos troupes, indistinctement, montrèrent une fermeté et une bravoure éclatantes et réussirent à repousser sur tous les points avec un entrain et une opiniâtreté inlassables, un ennemi supérieur en nombre, tenace, acharné, plein de ruse, habile à se servir de tous les accidents du terrain.

Nos pertes furent sensibles, mais le résultat moral et

matériel obtenu fut certainement considérable. Pendant ce temps, d'ailleurs, nous prenions possession d'autres points de la côte.

Occupation de Tobruk (4 octobre); Derna (18 octobre); Bengasi (20 octobre); Homs (21 octobre).

Depuis le 4 octobre, notre drapeau flottait à Tobruk, dont la rade constitue le meilleur ancrage de toute la Tripolitaine et de la Cyrénaïque et devait servir de base d'opérations pour nos navires opérant dans les eaux de la Cyrénaïque, dans les mêmes conditions qu'Augusta pour ceux qui opéraient sur les côtes tripolitaines.

Dans la seconde quinzaine d'octobre, nous occupâmes également Derna (le 18), Bengasi (le 20), Homs (le 21).

Le débarquement de *la Giuliana* (19 octobre), prélude de la prise de Bengasi, fut rendu difficile par l'état de la mer et contrarié par l'ennemi; il représente une des actions les plus brillantes de cette guerre et c'est là que commença à se manifester cette entente entre l'armée et la marine qui devait dans la suite produire dè si bons résultats et qui est pour nous le gage d'un brillant avenir. De cette journée, nous ne rappellerons avec orgueil que la prise de la Berca que les Arabes et les Turcs défendirent avec acharnement mais sans succès contre l'impétuosité de nos troupes.

LA CONSTITUTION DES BASES D'OPÉRATIONS
(Jusqu'en mars 1912.)

Zone de Tripoli

Affaire de la batterie Hamidie (6 novembre 1911), combat d'Henni Messri (26 novembre).

A Tripoli, on avait été obligé, du côté de l'Est, pour des raisons hygiéniques et d'ordre militaire, de rapprocher la ligne de défense de la place. D'une part, en effet, d'innombrables cadavres ennemis étaient restés dans le voisinage des lignes de défense après les combats d'Henni Sciara Sciat, Bu Meliana, et les maladies infectieuses qui pouvaient en résulter rendaient dangereux le séjour de nos troupes dans les tranchées; d'autre part, nos lignes devaient être d'une étendue en rapport avec les forces dont nous disposions et ces dernières étaient manifestement insuffisantes pour le développement considérable des lignes occupées, d'autant plus que les Turco-Arabes recevaient continuellement des renforts. Au Sud, il fallut conserver la ligne de défense telle qu'elle existait, car elle enfermait les puits de Bu Meliana qui fournissaient l'eau de la ville; mais, à partir de ce point, les troupes qui occupaient les points d'appui de Sidi Messri, Henni et la batterie Hamidie, furent ramenées sur la ligne Sidi Messri, Hamura, Feschlum et Tombes de Caramanli. Le 6 novembre, tout danger d'infection ayant disparu et les renforts commençant à arriver d'Italie, la batterie Hamidie fut reprise après un violent et opiniâtre combat. L'occupation de cette batterie devait nous permettre d'échapper aux insultes auxquelles nous étions exposés de la part de l'ennemi et nous donner en outre les moyens de flanquer la ligne de défense. Le 18 novembre, de forts détachements de Turco-Arabes, retranchés près des tombeaux de Caramanli, furent attaqués et dispersés; le 26, après une halte forcée amenée par des inondations imprévues, on réoccupait dans la matinée le fort de Messri, puis, vers les 16 heures, Henni et la région immédiatement à l'Est de la batterie Hamidie, à la suite d'un rude et violent combat livré autour de groupes de maisons, de murs et de points d'appui organisés défensivement qu'il fallut faire sauter à la dynamite.

TRIPOLI E DINTORNI

Echelle appr 1: 400 000

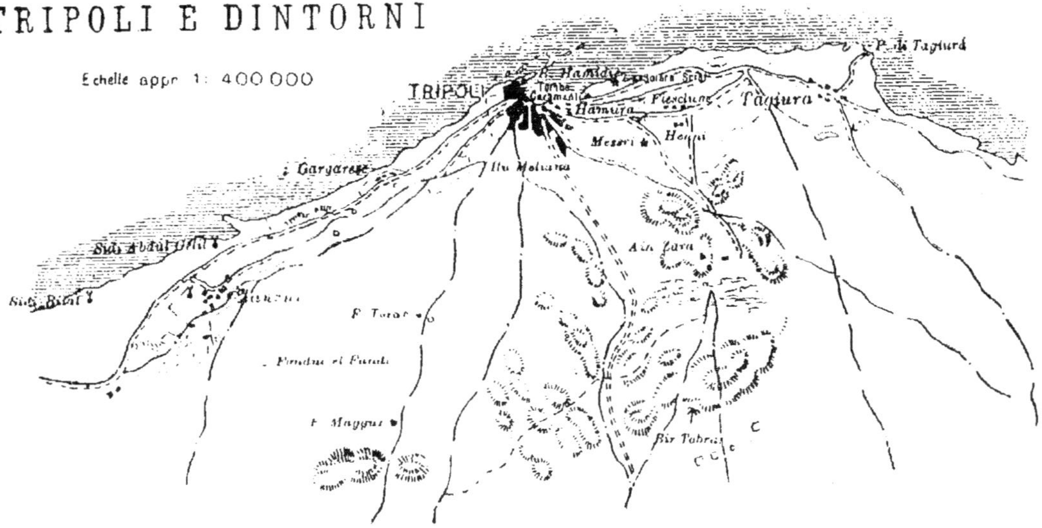

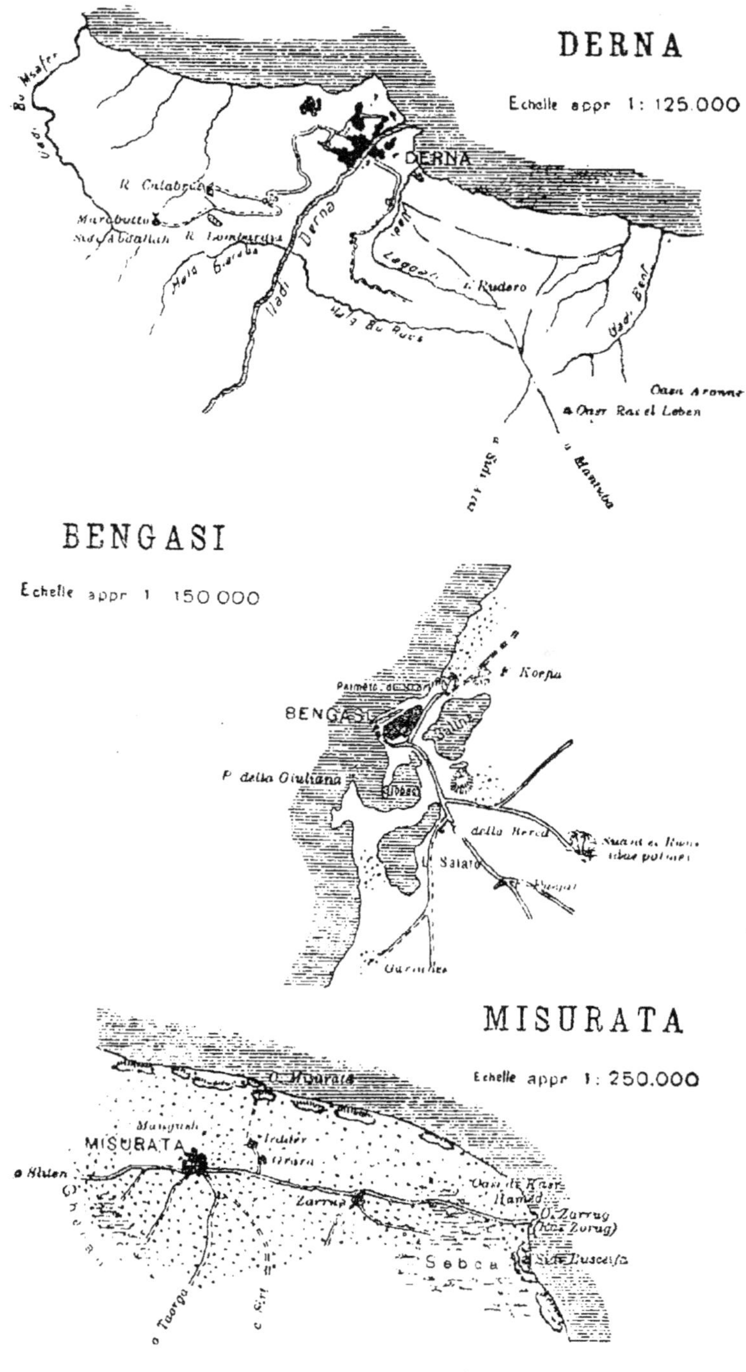

DERNA
Echelle appr 1: 125.000
DERNA
BENGASI
Echelle appr 1: 150.000
BENGASI
MISURATA
Echelle appr 1: 250.000
MISURATA

CIRENAICA
Scala 1: 1.500.000
Tolmetta
Teocra
Guramat
Gnagao
Merg
Slonte
Sure
Mariuba
Derna
Uadi Bomba
Bengaui
Tobruco
Rada di Tobruco

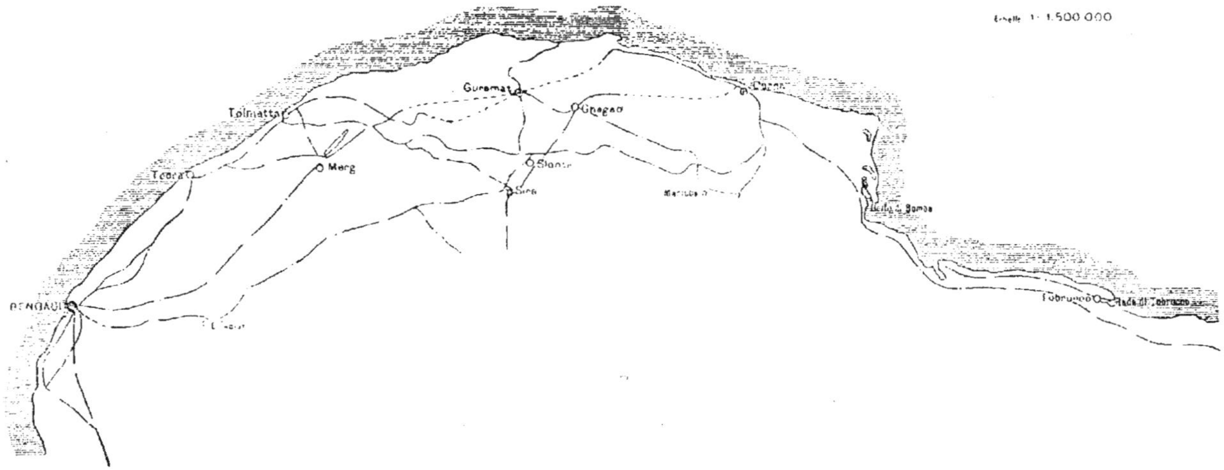

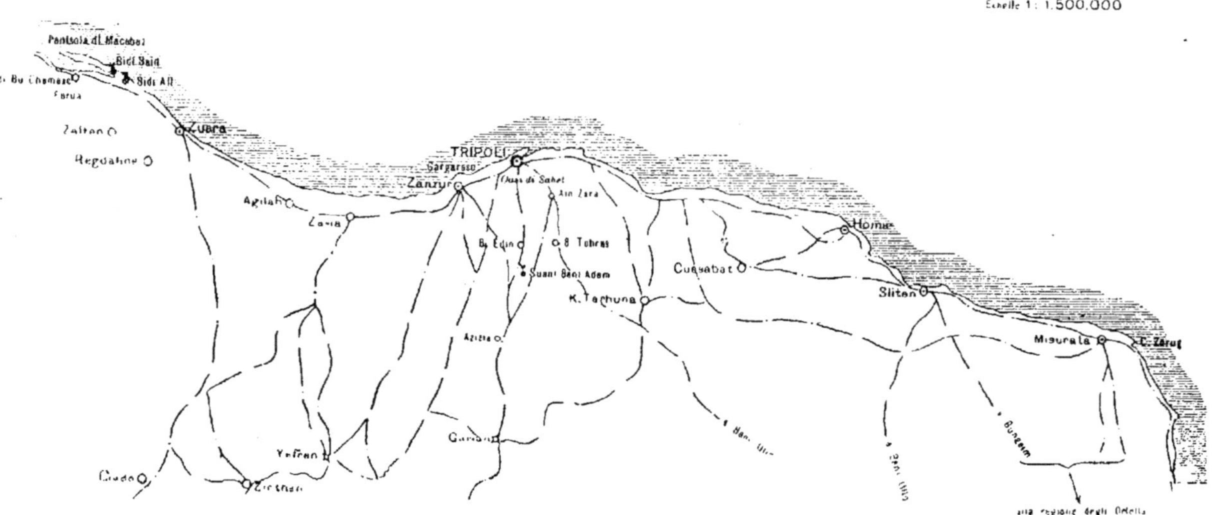

TRIPOLITANIA
Scala 1 : 1.500.000
Penisola di Macabez
Sidi Said
F. di Bu Chemasc
Sidi Ali
Sorua
Zalten
Zuara
Regdaline
Agilah
Zavia
TRIPOLI
Sargarsu
Oasi di Sahel
Zanzur
Ain Zara
Bu Edin
8 Tubras
Suani Beni Adem
Homs
Cussabat
K. Tarhuna
Sliten
Aziria
Misurata
C. Zarug
Gariàn
Yefran
Zintan
Giado
Bungem
Beni Ulid
alla regione degli Orfella

Combat et occupation d'Aïn Zara (4 décembre 1911).

C'est alors qu'on se rendit compte de la nécessité de marcher sur Aïn-Zara pour en chasser les rassemblements de Turcs et d'Arabes qui s'y trouvaient; en outre, l'occupation de cette localité devait nous permettre d'exercer une surveillance efficace aussi bien sur les caravanes du désert que sur la lisière méridionale de l'oasis et sur les communications avec Tripoli et Tagiura. Enfin, c'était le moyen d'affirmer notre prise de possession incontestable de la ville et de ses abords immédiats, sujet perpétuel pour la presse étrangère de considérations malveillantes et déplacées à notre égard.

Le 4 décembre au matin, après une nuit pluvieuse et une violente averse au lever du jour, nos troupes marchaient à l'attaque d'Aïn-Zara. Le combat, dans la matinée consista en une série d'affaires de détail; dans le courant de la journée, il fut nécessaire de porter les batteries de montagne sur la chaîne des tirailleurs; d'une part, en effet, on ne rencontrait que de petites dunes de hauteur uniforme, avec des vues restreintes, d'autre part, il fallait tenir compte des procédés de combat très particuliers de l'ennemi qui utilisait fort habilement les accidents du sol, prenait rapidement position, de manière à battre nos chaînes de tirailleurs par des feux éloignés et évitait ensuite de se laisser accrocher aussitôt que nos lignes réussissaient à s'approcher aux distances moyennes de tir.

Après avoir repoussé les différents groupements ennemis, nos colonnes reprirent résolument leur marche en avant avec toute la cohésion et la liaison nécessaires; vers le soir, après avoir pris d'assaut les dernières tranchées turco-arabes, nos troupes atteignaient le bord du plateau sablonneux qui surplombe Aïn-Zara.

L'ennemi se retira en désordre vers le Sud, battu par le feu de l'artillerie et laissant entre nos mains 7 canons

Krupp de 87 $^m/_m$, des fusils, une grande quantité de munitions d'artillerie et d'infanterie, ainsi que de nombreuses têtes de bétail et des approvisionnements sanitaires.

L'approche de la nuit, le terrain marécageux, très coupé, très couvert, et la fatigue de la cavalerie occupée à faire face aux rassemblements arabes qui arrivaient de Zanzur ne nous permirent pas de retirer de la victoire tous les heureux résultats qu'une poursuite vigoureuse aurait pu nous procurer.

Après avoir occupé Aïn-Zara et établi notre domination sur la lisière orientale de l'oasis de Tripoli en nous emparant des oasis de Sahel et de Tagiura (10-13 décembre), nous devions étendre le théâtre de nos opérations dans la zone désertique qui s'étend jusqu'aux oasis situées le long des dernières pentes du plateau; ces oasis étaient signalées par nos officiers aviateurs comme offrant à l'ennemi un lieu de refuge commode dans ses razzias contre les tribus qui nous avaient fait leur soumission et dans l'ardente propagande de fanatisme qu'il entretenait sans cesse contre nous.

Reconnaissances.

Bir Tobras (19 décembre 1911).

On envoya donc des reconnaissances de cavalerie vers Bir Tobras et Bir Edin; le 17 décembre, un bataillon de grenadiers poussait jsuqu'à une douzaine de kilomètres au sud d'Aïn-Zara, et le 19, un détachement mixte marchait sur Bir Tobras pour délivrer quelques familles de chefs arabes de nos partisans, que l'ennemi retenait en captivité. Dans cette dernière reconnaissance, officiers et soldats eurent à supporter de continuelles et dures fatigues ainsi que toutes sortes de privations; exposés aux dangers d'une situation pleine d'incertitude, ils combattirent avec une ardeur, un courage et une fermeté qui en imposèrent à l'ennemi; celui-ci, enhardi par sa supériorité numérique, espérait remporter un succès facile sur ce faible détachement, éloigné de sa base d'opérations, qui combattait pour la première fois dans le désert sans aucun point d'appui. Le détachement réussit pourtant à se dégager et à effectuer sa retraite, sans se laisser entourer, en ramenant tous ses blessés, tout son matériel et, après avoir réussi à s'orienter en pleine nuit, malgré toutes les difficultés qu'on rencontre dans l'obscurité, rentrait le 20 au matin à Aïn-Zara.

Combat et occupation de Gargaresc (18-20 janvier 1912).

Il nous fallut alors gagner du terrain du côté de l'est pour protéger les ouvriers qu'on devait employer à extraire des environs de Gargaresc, la pierre de taille nécessaire aux travaux du port et pour empêcher les razzias des Turco-Arabes contre les populations qui nous avaient fait leur soumission. Le 18 janvier, l'ennemi fut attaqué et battu près de Gargaresc; le 20, cette localité fut occupée par notre faible détachement qui la mit en état de défense et donna ainsi un caractère de permanence à notre occupation.

Second combat d'Aïn-Zara (28 janvier 1912).

Le 28 janvier, une violente attaque de l'ennemi fut repoussée à Aïn-Zara, à la suite de laquelle notre cavalerie et de petits détachements mixtes exécutèrent une série de reconnaissances autour de Tripoli; d'autres reconnaissances très nombreuses et très fructueuses furent également exécutées par nos intrépides aviateurs. En outre, ceux-ci lancèrent avec succès des bombes sur l'ennemi, dont l'activité se manifestait par de petites attaques partielles contre nos redoutes, attaques toujours victorieusement repoussées.

Zone de Homs

Pendant ce temps, sur tous les autres points de la côte que nous occupions, on combattait avec plus ou moins de violence, mais sans interruption et chaque nouvel engagement était marqué par un nouveau succès pour nos armes.

Reconnaissance de Lebda (1er décembre 1911).

A Homs, le 1er décembre, on se porta à l'attaque de l'ennemi, pour détruire les lignes télégraphiques turques et pour en imposer aux Bédouins rassemblés dans les environs de Lebda et près des hauteurs de Mesellata; la rencontre eut lieu à 4 kilomètres au Sud-Est de nos tranchées et se termina par un succès pour nos troupes. Puis il n'y eut plus que des escarmouches insignifiantes le long de nos lignes et les troupes employèrent leur temps à renforcer les positions qu'elles occupaient; cette besogne était loin d'être facile, en raison de la configuration du terrain dans les environs de Homs; le long du littoral, la vue est masquée par les oasis de Lebda et par les nombreuses ruines romaines qu'on rencontre dans toute cette région; à l'ouest et au sud-ouest, le terrain est dominé par les escarpements qui se trouvent à l'extrémité du mont Mergheb, excellent point d'appui défensif contre Homs, possédant un grand commandement et des vues étendues sur la place.

Combat et occupation du Mergheb (27 février 1912).

Cette dernière était donc maîtrisée par le Mergheb et, de temps en temps, du haut de ses pentes, on tirait quelques coups de canon contre la ville, d'où la nécessité d'occuper la hauteur au plus tôt. L'opération fut décidée pour le 27 février; dans le but de faciliter l'attaque, on simula adroitement un débarquement à Sliten, de manière à attirer une grande partie des forces ennemies dans cette direction, en même temps que trois colonnes, opérant avec une entente parfaite, s'avançaient en silence vers le Mergheb et s'y établissaient par surprise. L'ennemi tenta alors une contre-attaque; mais, après un combat corps à corps des plus acharnés, pressé et enveloppé sur ses ailes par nos colonnes, contre-attaqué vigoureusement sur tout son front, il fut définitivement repoussé à la baïonnette.

Combat nocturne du Mergheb (5-6 mars 1912).

Néanmoins, et malgré les lourdes pertes qu'il avait subies, l'ennemi ne voulut pas s'avouer vaincu, et, dans la nuit du 5 au 6 mars, il tentait de reconquérir dans une attaque furieuse les positions perdues, escomptant peut-être un relâchement de notre surveillance. Mais officiers et soldats avaient soigneusement et habilement fortifié les positions conquises et veillaient avec soin, de telle sorte que l'effort des Turco-Arabes vint se briser contre le calme et la fermeté de nos troupes qui leur infligèrent des pertes considérables; une diversion tentée à l'est d'Homs échouait également.

Zone de Bengasi.

A Bengasi, dans les jours qui suivirent notre occupation, les rassemblements turco-arabes s'étaient formés de préférence dans les plis de terrain près des oasis voisines de la ville, afin de pouvoir assurer le mieux possible leur subsistance et maintenir le contact avec la localité.

Combat de Koefia (28 novembre 1911).

Après des escarmouches d'avant-postes, entre autres

ceux de Daut-Luba (6 et 12 novembre) et Ras-el-Ferg (du 16 au 27 novembre), une colonne composée des trois armes marchait sur Sidi-Califa le 28 novembre et, à Koefia, nos troupes, utilisant habilement les couverts du terrain, donnaient une preuve de leur vigueur et de leur hardiesse en surprenant un fort groupement de Bédouins qui fut décimé et laissa sur le terrain au moins 20 chefs et notables des tribus des Avaghir qui étaient venus à cheval prendre part au combat.

A la fin de novembre et dans les premiers jours de décembre, on poursuivit d'une façon ininterrompue le travail de mise en état de défense de la ville; pendant ce temps, l'effectif des rassemblements turco-arabes s'élevait progressivement, grâce à l'arrivée de troupes régulières provenant de la frontière égyptienne et à l'appui bien plus sérieux que leur donnaient les populations de l'intérieur. La tactique préférée de l'ennemi était de multiplier les alarmes de préférence pendant la nuit, de manière à troubler le repos de nos troupes et à provoquer un gaspillage de munitions; en outre, il cherchait à tenter des surprises contre les ouvrages avancés de la défense et contre la ligne de sûreté de Bengasi.

Ces attaques partielles et répétées furent toujours promptement et énergiquement repoussées; la flotte prêta son concours à l'armée en intervenant dans l'action par le feu de son artillerie, tandis que ses projecteurs éclairaient le terrain en avant de nos lignes, dans les secteurs voisins de la mer. En outre, les navires de la flotte royale bombardèrent Koefia, l'oasis de Suani-Osman, Tolmetta, Bersis et Tocra pour châtier les tribus qui renforçaient continuellement les guerillas autour de Bengasi.

Défense de Bengasi (25 décembre 1911).

Après une courte trève du 16 au 21 décembre, l'ennemi manifesta de nouveau son activité le 22, par l'attaque d'une redoute et d'un poste défensif; c'était le prélude d'une attaque générale de la ville qui avait été décidée pour le 25 décembre. Toutefois, étant données la manière astucieuse de combattre des Turco-Arabes et leur tactique de se maintenir toujours à une distance considérable de nos lignes, cette journée fut exclusivement une affaire d'artillerie; les autres troupes restèrent sous les armes prêtes à s'engager et n'eurent pas l'occasion d'intervenir, ni dans la défense des ouvrages et des tranchées, ni dans des contre-attaques. L'artillerie soutint donc l'action à elle seule et réussit à en imposer à l'adversaire par un tir efficace et continu, à des distances de 3.800 à 4.000 mètres; 27 pièces en tout prirent part à cette affaire, chacune d'elles tira une moyenne de 39 projectiles. Ainsi, sans subir de pertes d'aucune sorte et avec une consommation de munitions nullement exagérée (si on considère que le combat dura presque toute une journée), les batteries obtinrent un véritable succès, en donnant des preuves d'une remarquable discipline de tir, d'une parfaite préparation au point de vue technique et professionnel et enfin d'une liaison au feu des plus faciles et des plus efficaces.

L'ennemi repoussé se replia à la faveur de la nuit; ses pertes se montèrent à 200 morts et plusieurs centaines de blessés, deux canons démontés et une quantité de chevaux.

Combat des Deux-Palmes (12 mars 1912).

Deux mois et demi plus tard, il devait subir des pertes autrement sérieuses dans le combat de Suani el Rani, appelé plus communément le combat des Deux-Palmes.

De décembre à mars, il s'était borné à tenter quelques coups de main contre les redoutes et à quelques escarmouches contre les avant-postes ou contre nos reconnaissances; le 12 mars, il rassemblait des forces considérables et entreprit une attaque générale de la ville.

Mais, devant une contre-attaque immédiate et énergique de nos troupes, les Turco-Arabes hésitèrent puis voulurent s'enfuir; ce fut en vain : enserrés par nos valeureux soldats dans un cercle de fer et de feu, ils furent décimés et les survivants dispersés. Environ un millier d'hommes trouvèrent la mort sur le champ de bataille; un grand nombre de blessés succombèrent plus tard à la suite de leurs blessures.

Ce résultat fut obtenu grâce à la coopération constante des diverses armes ainsi qu'à l'intelligence, au courage, à la discipline et à l'élan incomparable de nos troupes. Notre infanterie se montra réellement des plus offensives; son mouvement sous le feu meurtrier de l'ennemi fut au-dessus de tout éloge; les hommes suivirent avec ordre, calme et fermeté l'exemple donné par leurs officiers et se lancèrent sur l'ennemi, avec une impétuosité que rien ne put arrêter, dans un combat corps à corps d'où ils devaient sortir complètement victorieux.

La journée du 18 mars consacra en outre l'excellente organisation de notre artillerie; on la doit au travail de patiente préparation qui fut poursuivie avec ténacité et en vue d'un but des plus nets, tant en ce qui concerne le tir des batteries de position que de la manœuvre et de l'instruction des batteries de campagne et de montagne : elles se sont montrées légères, manœuvrières, habiles au tir et parfaitement disciplinées.

La cavalerie exécuta avec ordre, rapidité et hardiesse les ordres qu'elle reçut au sujet de la protection du flanc droit de l'attaque et du concours à lui prêter.

Enfin, cette journée permit de contrôler toute la valeur du camp retranché de Bengasi. Le fait qu'une action résolument offensive ait pu se livrer sous la protection immédiate des ouvrages, avec le concours efficace de toutes les pièces d'artillerie d'un secteur, suffit en effet à montrer combien judicieusement avait été choisie la position des ouvrages et combien habilement avait été déterminé leur commandement sur les terrains environnants.

Le combat des Deux-Palmes diminua fortement l'ardeur de l'ennemi qui n'osa plus s'avancer en forces contre nos lignes. D'autre part, devant les pertes causées par les bombes lancées par nos aviateurs et le bombardement exécuté par nos navires sur certains points de la côte, il se borna dans la suite à des coups de main contre nos redoutes ou contre nos travailleurs, coups de main qui furent toujours rapidement et facilement repoussés; on doit mentionner également de petites rencontres peu importantes ou même sans importance qui eurent lieu pendant des manœuvres effectuées par la cavalerie ou par les trois armes dans le but de maintenir nos troupes en haleine et d'inquiéter celles de l'ennemi.

Zone de Derna.

La garnison de Derna était celle qui devait supporter les plus fortes épreuves, étant donnée la topographie particulière de la région. La ville est adossée à un rocher qui la domine en la surplombant et n'offre aucun passage permettant d'arriver sur le plateau; la raideur de la pente de ce rocher calcaire rendait d'ailleurs difficile l'ouverture d'une voie d'accès. Le dessus du plateau présente de fortes crevasses au milieu desquelles émergent des affleurements; on remarque en outre de profondes érosions provenant soit du travail des eaux, soit de la nature du sol; l'aspect n'est donc pas uniforme, c'est une suite ininterrompue de parties accidentées et de ravins, avec de grands angles morts, dûs à la raideur des pentes en surplomb, et avec des chemins couverts que la riche végétation qu'on rencontre dans les vallons masque encore davantage aux vues. Toutes ces particularités rendaient le pays favorable aux surprises d'autant plus que le terrain sablonneux du bas des pentes offre de nombreuses grottes et cavernes qui permettaient aux habitants de développer leurs instincts de rapine et de brigandage.

On eut donc à surmonter de réels obstacles, et il fallut s'ingénier à remédier aux difficultés du terrain; on dut appuyer solidement la ligne de défense à l'Est et à l'Ouest et protéger la dérivation d'eau potable de la ville qui provient de tout ce dédale de terrains calcaires, crevassés et difficiles.

Aussi les combats qui se sont déroulés jusqu'à la fin de septembre autour de Derna n'ont-ils pu avoir un caractère nettement offensif, car il aurait été imprudent et même dangereux de s'aventurer dans une zone inconnue et impraticable, tant que le développement des opérations n'aurait pas permis d'obtenir une sécurité suffisante sur les hauteurs.

Mais si nous ne pouvions aller chercher l'ennemi, celui-ci ne s'en offrait pas moins continuellement à nos coups, soit en cherchant à inquiéter les détachements de protection de nos travailleurs, soit en entreprenant des attaques générales dans la folle espérance de reprendre la ville.

Défense des redoutes « Lombardia » et « Calabria »
(11-12 février 1912);
Combat de Sidi Abdallah (3 mars 1912).

Les défaites succédaient aux défaites pour les Turco-Arabes et il convient de citer particulièrement celle qui leur fut infligée dans l'attaque de nuit du 11 au 12 février, conduite par Enver Bey, ainsi que celle plus retentissante du 3 mars, dans le combat de « Sidi Abdallah »; dans cette dernière affaire, l'ennemi engagea toutes ses forces dans les conditions les plus favorables pour lui et utilisa fort habilement les avantages d'un terrain aussi dangereux que difficile. La journée fut rude et laborieuse; mais, malgré ses forces considérables, malgré sa connaissance du pays, son entraînement et son fanatisme, l'ennemi fut mis en déroute par nos troupes qui, dans un long et héroïque combat, surent tour à tour se défendre avec une fermeté incroyable et attaquer avec un élan irrésistible.

POURSUITE DES HOSTILITÉS EN LIBYE
ET DANS LA MER ÉGÉE
(d'avril 1912 à la conclusion de la paix)

Région de Zuara

Dans la deuxième quinzaine de décembre 1911, on décida, pour arrêter la contrebande de guerre, d'effectuer un débarquement à Zuara; mais l'état détestable de la mer, en raison de la persistance d'un violent mistral pendant plus de trois semaines, fit remettre l'opération.

La marine et les troupes eurent, dans cette circonstance, l'occasion de montrer l'une toute son expérience, les autres de faire appel à toute leur résistance, étant données les fatigues continuelles qu'entraînèrent leur long séjour à bord, du 22 décembre au 14 janvier, date à laquelle on abandonna définitivement l'opération.

Débarquement à Macabez (10-14 avril 1912).

Devant la nécessité persistante de lutter contre la contrebande de guerre sur la frontière tunisienne, on reprit, en avril 1912, le projet d'un débarquement à Zuara; mais, pour différentes raisons d'ordre militaire et maritime, on finit par abandonner ce point pour faire choix de la plage et de la péninsule de Macabez. C'est là que le corps expéditionnaire débarqua en 4 jours, du 10 au 14 avril, en surmontant de très grosses difficultés au point de vue maritime; si on n'eut pas à déplorer d'accident dans cette opération qui fut véritablement des plus périlleuses, c'est grâce à l'habileté bien connue de notre marine.

Puis nous affirmâmes notre prise de possession de la plage de Ferna en occupant le fort turc de Bu-Chemesc, situé sur le passage du chemin des caravanes qui suit la plage; ce fort devait nous servir de point d'appui pour les pointes qu'il était nécessaire de pousser dans l'intérieur du pays, en vue de couper les nouvelles lignes de communication que les Turco-Arabes ne manqueraient pas d'établir.

Combat de Bu-Chemesc (23 avril 1912).

Nos troupes furent durement éprouvées pendant ce débarquement sur une plage déserte et sans abri; ce fut une opération longue et sans gloire apparente, unique peut-être en son genre, si on considère les difficultés qu'on eut à surmonter tant au point de vue de la mer qu'à celui de l'exécution proprement dite du débarquement. Aussi les troupes soupiraient-elles après le moment de rencontrer un adversaire qui justifiât, par sa valeur et son courage, le pénible et savant débarquement qu'elles venaient d'effectuer. L'ennemi se montra tel que nos braves soldats l'avaient désiré, en attaquant Bu-Chemesc le 23 avril avec une grande bravoure et une réelle vigueur, d'abord à l'est, puis au sud-est et enfin à l'ouest.

En butte au feu de l'artillerie des ouvrages, il fut ensuite violemment contre-attaqué, et après un combat des plus opiniâtres, il dut se retirer en désordre avec des pertes sérieuses.

Occupation de Sidi Saïd (26, 27, 28 juin 1912).

Les fréquentes reconnaissances offensives exécutées par nos troupes avaient permis de déterminer qu'il était possible, sur la seconde route suivie par les caravanes provenant de la Tunisie, de joindre et de disperser les rassemblements turco-arabes qui la suivraient; mais il n'était ni facile ni opportun de s'arrêter et de s'installer dans cette région, étant données son absence complète de ressources hospitalières et les difficultés des communications à travers la suite de marais (sebka) qui, au midi, entourent d'une manière ininterrompue toute la zone de Bu-Chemesc.

Fort de plusieurs milliers d'hommes, dont beaucoup de cavaliers, avec quelques canons, l'ennemi essaya de s'opposer à chacune de nos tentatives; mais, incertain de la direction de nos mouvements et continuellement trompé par l'activité que nous ne cessions de montrer autour de Bu Chemesc, il avait fini par s'étendre en cordon sur un front de 3o kilomètres environ, en dehors de la portée de notre artillerie, en appuyant sa droite à la forte position de Sidi Saïd et sa gauche un peu à l'est de la frontière tunisienne. Sur le front étendu, — qui n'en fut pas moins battu plusieurs fois par les feux de nos troupes, qui s'avancèrent jusqu'à un quinzaine de kilomètres de la côte, — l'ennemi s'était fortifié peu à peu en creusant de profondes tranchées avec plusieurs étages de feux.

On décida de l'attaquer et, pour éviter la région inhospitalière qui avoisine la frontière tunisienne, on prit Sidi-Saïd comme point d'attaque; on devait s'avancer sur deux colonnes qui, partant respectivement de la péninsule de Macabez et de Bu Chemesc, se réuniraient en face de Sidi Saïd. L'occupation de cette position amènerait, selon toutes probabilités, la chute de toute la ligne de défense des Turco-Arabes. Ainsi fut fait : le plan d'attaque méthodique que nous venons d'exposer fut couronné de succès dans les glorieuses journées des 26, 27 et 28 juin; nous nous emparâmes de cette position si importante de Sidi Saïd, sur la route de Zelten et de Zuara et son occupation nous permit de devenir les maîtres incontestés de

40 kilomètres de côte, de la frontière tunisienne à Sidi Saïd et à la ligne des « Sebka ».

Les pertes des Turco-Arabes furent de plus de 700 hommes laissés sur le terrain, non compris un nombre considérable de blessés; en outre, des armes, des vivres, du matériel de toute sorte tombèrent entre nos mains.

La conduite de nos troupes fut admirable; elle donna aux chefs qui les conduisaient la certitude absolue qu'avec elles tout était possible, malgré les difficultés considérables provenant du terrain et de l'ennemi, du climat et de l'absence de ressources. L'entente intelligente qui s'établit spontanément et se maintint sans interruption entre les différents chefs, entre les diverses armes, entre l'armée et la marine, répondit merveilleusement aux exigences spéciales de ces trois journées d'opérations qui, dans leur ensemble, ne constituent qu'un seul et même combat offensif.

Combat de Sidi Ali (14 juillet 1912).

Quelques jours plus tard apparut clairement la nécessité d'étendre notre occupation le plus rapidement possible jusqu'à Sidi Ali; la possession de cette hauteur, située à plus de 6 kilomètres à l'Est de Sidi Saïd, devait, pendant notre séjour dans cette dernière localité, nous assurer un poste avancé et un excellent point de surveillance sur la route de Zuara; nous empêchions en même temps les Turco-Arabes d'y établir un solide point d'appui d'où ils auraient inquiété les troupes qui occupaient Sidi Saïd. L'opération eut lieu le 14 juillet; au préalable de brillantes reconnaissances d'une de nos colonnes volantes nous avaient permis de nous assurer du peu de probabilité d'une attaque sérieuse de la part d'un gros de forces ennemies qui s'étaient rassemblées au Sud de Bu Chemesc.

Le combat fut vif et acharné, en raison de la présence

des nombreux contingents ennemis arrivés récemment
de Sahel, après les journées de Sidi Saïd; il régnait une
chaleur accablante et déprimante au plus haut point; mais
le moral de la troupe resta toujours remarquable et sa
conduite fut digne d'admiration.

L'ennemi sortit de cette affaire fortement ébranlé et
démoralisé. « C'était écrit, disaient, en terminant le récit
« de cette journée, des Arabes qui s'étaient enfuis en
« Tunisie. — C'était écrit. — Sous le feu de l'ennemi,
« les nôtres tombaient comme des mouches. Le prophète
« donne raison aux Italiens et veut notre défaite ». Les
Turco-Arabes n'osèrent plus défendre Zuara; quoiqu'elle
fût exposée au tir de nos navires, cette ville n'en aurait
pas moins été susceptible de fournir une longue résistance
en raison de la configuration des environs et des travaux
de tous genres que l'ennemi y avait exécutés de longue
date.

Occupation de Zuara (6 août 1912).

Nos troupes y entrèrent donc le 6 août, presque sans
coup férir, après avoir dispersé quelques arrière-gardes
ennemies.

Zuara était l'objectif vers lequel étaient orientées nos
opérations depuis que des difficultés d'ordre administratif nous avaient amenés à renoncer à pénétrer le long
de la frontière tunisienne. Cette localité est la plus importante de toute la partie occidentale du pays; en outre,
elle est traversée, ainsi que Regdaline, par les principales
routes de caravanes qui se dirigent vers l'Est, après avoir
traversé la frontière. Au Sud de Regdaline, le pays est
aride et désert; il ne présente pas de points d'eau suffisants
pour permettre le passage de caravanes un peu nombreuses. Une fois cette zone Zuara-Regdaline occupée, on
pourrait considérer le faisceau des grandes routes de caravanes les plus proches de la mer comme réellement

interceptées, et la grande contrebande comme rejetée au loin dans les chemins des montagnes et forcée par là même de suivre des parcours beaucoup plus longs et de vaincre des difficultés bien plus considérables que dans la zone du littoral.

Etant donnée l'insuffisance des forces dont on disposait, on ne pouvait se proposer d'atteindre en même temps les deux objectifs, Zuara et Regdaline; toutefois, comme Zuara n'a pas été défendue par l'ennemi, il aurait été possible, après la prise de cette dernière ville, de continuer sur Regdaline ou sur la Menscia, soit le même jour, soit les jours suivants, de manière à supprimer d'un seul coup les opérations de contrebande qui s'effectuaient surtout le faisceau de routes qui viennent de l'ouest. Mais on dut renoncer à ce projet, en raison de la température très élevée et des grosses fatigues qu'eurent à supporter les troupes privées du strict nécessaire qui était resté à bord des transports; il fallait en outre tenir compte du manque d'entraînement des soldats des plus jeunes classes. Enfin, à un autre point de vue, on avait eu, le lendemain de l'occupation de la ville, des preuves certaines de la soumission prochaine des populations « zuarines » et des promesses sérieuses, étant données les étroites relations entre Zuara et Regdaline, de la soumission possible des mehallas sous les armes qui défendaient encore cette dernière localité.

Combat et occupation de Regdaline (15 août 1912).

Néanmoins, comme cette soumission tardait à se produire, le 15 août, après avoir réorganisé les services et recomplété les approvisionnements, on procéda à l'occupation de Regdaline.

L'ennemi, se souvenant de l'impétuosité de notre attaque et de notre ferme volonté de vaincre, qu'il avait été à même de constater à Sidi Saïd et Sidi Ali, se comporta comme il l'avait fait précédemment à Zuara; il n'osa pas nous tenir tête en forces. Nous n'eûmes donc affaire qu'aux plus audacieux des Turco-Arabes qui s'étaient rassemblés vers notre extrême droite et nous offrirent une résistance acharnée, dont nos troupes ne tardèrent pas à triompher avec leur valeur habituelle.

Dans la suite, il n'y eut plus que des reconnaissances offensives qui donnèrent lieu à de petites rencontres et à quelques coups de canon tirés par l'artillerie sur les caravanes qui passaient au loin; la situation générale resta sans changement jusqu'à la conclusion de la paix.

Opérations dans la Mer Egée.

Dans le but de contrarier la contrebande des armes expédiées en Libye par la Turquie, de rendre de plus en plus critique la situation morale de l'ennemi aussi bien à l'intérieur qu'à l'extérieur de ses frontières, et enfin de prendre des gages en vue des négociations pour la conclusion de la paix, on décida d'occuper quelques-unes des îles dans le sud de la mer Egée.

Etant données sa configuration topographique, sa position centrale par rapport aux autres îles, Stampalia fut choisie comme base d'opérations pour les forces navales destinées à opérer dans ces parages et l'île fut occupée le 28 avril. En même temps, un corps expéditionnaire qui s'était rassemblé à Tobruk arrivait dans la nuit du 3 au 4 mai, à proximité de l'île de Rhodes, escorté par la deuxième escadre.

Expédition de Rhodes.

Cette île, que des souvenirs historiques rattachent à l'Italie, est certainement la plus importante des Sporades méridionales aussi bien au point de vue économique que comme station de transition entre l'Orient et l'Occident, malgré la lamentable décadence dans laquelle elle est tombée depuis le seizième siècle.

Débarquement de Kalitheas et combat d'Asgurù (4 mai 1912).

Le 4 mai, à l'aube, le corps expéditionnaire débarquait rapidement dans la baie de Kalitheas, battait l'ennemi à Asgurù en le repoussant dans l'intérieur du pays et, le jour suivant, entrait solennellement à Rhodes.

Il fallait ne pas laisser à la garnison turque le temps de recevoir des renforts et d'organiser des corps de partisans; mais, avant de donner la chasse à l'ennemi, il importait de constituer une solide base d'opérations qui puisse assurer nos derrières pendant notre marche en avant; il était donc nécessaire d'entreprendre toute une préparation au point de vue politique et militaire, préparation qui, pour des raisons faciles à comprendre, ne pouvait être effectuée avec précipitation, et demandait, au contraire, une très grande circonspection si on voulait atteindre le but qu'on se proposait. Ce fut le 14 seulement que le travail fut terminé, soit neuf jours après l'entrée de nos troupes à Rhodes et on put dès lors s'avancer dans l'intérieur du pays.

Combat de Psitos (16-17 mai 1912).

Après s'être fractionné en plusieurs détachements dans sa retraite du 4 mai, l'ennemi s'était peu à peu rassemblé à Psitos; nous ne pouvions que nous en féliciter, puisque nous avions ainsi la possibilité de le battre en une fois au lieu d'être obligés de livrer une série d'engagements contre plusieurs détachements.

La victoire ne fut d'ailleurs remportée qu'à la suite d'une pénible et difficile manœuvre et grâce aux heureuses dispositions prises par le commandement, à l'admirable accord qui régna entre l'armée et la flotte et à la magnifique conduite des troupes.

Pour la première fois dans l'histoire, on vit deux débarquements de troupes accompagnées de leur matériel, s'effectuer rapidement et sans le moindre incident, par une nuit sans lune, toutes lumières éteintes, sur des plages ennemies complètement découvertes.

Le mérite de ce merveilleux succès revient d'abord à la marine royale pour son habileté et sa hardiesse, puis aux troupes pour leur silence et leur parfaite discipline.

Mises en route la nuit, les troupes marchèrent pendant quatorze heures à travers un pays inconnu, montagneux, coupé de profonds ravins, ne présentant que quelques sentiers difficiles et mal tracés; elles donnèrent ainsi des preuves de leur résistance à la fatigue et de leur entrain, car, quand elles arrivèrent sur le lieu du combat, elles étaient en état de manœuvrer et de combattre comme des troupes fraîches.

Enfermés à Psitos dans un cercle de feux, les Turcs, après un combat acharné, cherchèrent vainement à s'échapper : à la tombée de la nuit, réfugiés dans le vallon de Maritza et pressés par les nôtres, ils se rendirent le soir même, et le lendemain, ils étaient prisonniers de guerre.

Nos troupes qui s'étaient donc battues le jour précédent, après une marche des plus fatigantes, qui, au bivouac sur des rochers, n'avaient pendant la nuit pris qu'un repas tout à fait relatif, se remirent immédiatement en marche pour retourner à Rhodes, couvrant en 48 heures, dont 20 de marche effective, un parcours total de 75 kilomètres et même davantage, dans des conditions tout à fait anormales et en ne mangeant que les vivres du sac. Une fois de plus, on avait ainsi la preuve des très précieuses et très enviables qualités militaires dont nos hommes possèdent des réserves inappréciables.

Le 12 mai, notre flotte débarquait simultanément des

détachements de marins dans les îles de Scarponto, Caro, Piscopi, Nisiro, Calimno, Lero et Patmo; les petits détachements turcs qui y tenaient garnison étaient faits prisonniers et nos troupes plantaient sur ces îles le drapeau national.

Cos, Simi et Calchi furent ensuite occupées, et c'est ainsi qu'au mois de mai les Sporades méridionales se trouvèrent en notre pouvoir.

Zone de Homs.

Combat et occupation de Lebda (2 mai 1912).

Autour de Homs, après avoir consolidé notre occupation du Mergheb, il nous fallut marcher sur Lebda pour donner à nos troupes leur liberté de manœuvre du côté de l'est.

Etant données la répartition des forces de l'ennemi et l'époque des marchés qui, à des jours déterminés, entraînent un nombre considérable d'hommes en dehors du camp turco-arabe, l'attaque fut fixée au 2 mai. Pendant que la garnison du Mergheb retenait devant elle les troupes ennemies qui lui faisaient face, deux colonnes agissant en liaison et, marchant en silence, s'avançaient sur Lebda pour surprendre et envelopper l'ennemi. Ce dernier réussit néanmoins, par une fuite précipitée, à se soustraire à notre étreinte, mais il subit de grosses pertes et nous abandonna dans cette glorieuse journée les ruines d'une ancienne ville de l'empire romain.

Combat des Monticelli di Lebda (12 juin 1912).

Mais ce fut seulement après la sanglante défaite des Monticelli (12 juin) que toute velléité d'offensive chez l'ennemi put être considérée comme définitivement enrayée.

La garnison de Homs ayant été réduite à la suite du départ d'un détachement chargé d'autres opérations, les Turco-Arabes conçurent l'espoir de pouvoir attaquer dans de bonnes conditions nos lignes de Lebda (les Monticelli) et de Homs. Leurs illusions firent place à une triste réalité quand, après avoir échoué dans leur tentative pour nous surprendre, ils durent s'enfuir précipitamment les uns dans la direction du sud, accompagnés par le tir rapide et précis de nos batteries, les autres dans le ravin de l'oued de Lebda où, dans l'exaltation de la victoire, nos troupes les poursuivirent avec un acharnement et une ténacité infatigables; pas un ennemi ne put s'échapper. Un détachement turco-arabe placé sur les « Montagnole Rosse » pour surveiller les directions de Homs n'eut pas le temps de se soustraire à notre choc et fut anéanti sur place.

C'était le quatrième combat victorieux auquel prenaient part les troupes de Homs, combat indubitablement supérieur aux précédents au point de vue du résultat moral et matériel; en outre, il flattait au plus haut point l'amour-propre national parce que nous étions inférieurs en nombre à l'adversaire, alors que, dans tous les engagements précédents, la supériorité numérique avait été de notre côté. La plus grande partie des pertes subies par l'ennemi sont certainement dues au fusil et au canon; mais, dans ce combat, la baïonnette joua également un grand rôle : on la vit briller le long des lignes, impétueuse, terrible, cherchant l'ennemi, le pressant de toutes parts pour l'acculer enfin dans un duel mortel.

On peut dire que cette sanglante et définitive défaite marqua la fin des opérations de l'ennemi dans les environs de Homs; il n'y eut plus que quelques tentatives isolées de la part des pillards bédouins pour voler le fil de fer des réseaux ou d'autres objets; ils furent toujours repoussés avec quelques coups de fusil.

Zone de Misurata

Débarquement à Misurata (16 juin 1912).

En vue d'étendre de plus en plus notre occupation sur la côte tripolitaine du côté de l'est, on effectua le 16 juin — environ deux mois après l'entreprise de Macabez — un débarquement par surprise sur la côte de Misurata. L'opération fut exécutée dans le plus grand ordre et avec la rapidité habituelle; elle ne rencontra qu'une faible résistance. Le bataillon de mariniers et une compagnie d'infanterie débarquèrent d'abord, chassèrent les quelques ennemis rassemblés sur la plage, puis, immédiatement, avec un élan admirable, ils occupèrent la colline du Marabout et poussèrent jusqu'à Ras-Zorug où ils s'établirent solidement. Dans l'après-midi, le débarquement de tout le corps expéditionnaire s'effectua sans être inquiété et, le jour suivant, on occupait l'oasis de Casr-Hamed.

Il aurait peut-être été possible de pousser immédiatement un détachement jusqu'à Misurata en profitant de la désorganisation de l'ennemi et de la panique qui se produisit dans les populations. Mais une telle résolution pouvait aussi compromettre l'issue des opérations ultérieures, car le détachement n'aurait pu être que d'un faible effectif en raison de la nécessité de laisser sur la côte pendant ces premières journées des forces considérables pour protéger le débarquement du matériel, installer et asseoir solidement une base d'opérations.

Combat et occupation de Misurata (8 juillet 1912).

Le 7 juillet, après vingt jours de travail acharné, l'organisation défensive de la base était terminée, et le 8, nos troupes occupaient successivement la lisière orientale de l'oasis de Misurata, puis Zarrug, et enfin Misurata.

Après la prise de Zarrug, l'ennemi n'opposa plus que de faibles résistances partielles, car, déjà démoralisé par son premier échec, il avait été, dans cette dernière affaire, tellement impressionné par l'effet des feux enveloppants de notre artillerie et la violence de notre attaque qu'il était absolument terrifié au moment où il avait dû s'enfuir. Nos troupes, qui avaient déjà presque toutes pris part à d'autres combats, donnèrent dans cette glorieuse journée de nouvelles preuves de leur entrain et de leur valeur, de leur résistance physique et de leur sentiment de la discipline. En outre, elles surent, dans leur attaque, utiliser habilement les couverts du terrain et ne subirent par suite que des pertes relativement légères.

Une fois Misurata occupée, nous dûmes, pour des raisons militaires et politiques, prononcer une offensive énergique contre l'ennemi qui, après avoir abandonné les lisières sud et ouest de l'oasis de Misurata, n'avait pas tardé à rassembler de nombreuses forces au delà de l'oasis et recommençait à payer d'audace, en exerçant des violences sur les habitants des environs, qui vinrent nous demander d'intervenir.

Combat du Gheran (20 juillet 1912).

On poussa donc une brigade mixte du côté du Gheran; elle dispersa l'ennemi et l'activité de ce dernier ne se traduisit plus que par de vaines tentatives d'attaque exécutées comme d'habitude par de faibles détachements, contre l'enceinte et les redoutes.

Zone de Derna.

Marche du 14 septembre 1912 (affaire de Sidi-Abdallah II).

Au mois de juillet, l'occupation de la place de Derna était assurée par une suite d'ouvrages défensifs qu'on

avait construits à 2 ou 3 kilomètres du centre de la place
et par d'autres travaux de sûreté immédiate. Les forces
ennemies, qu'on n'avait pas pu évaluer exactement, mais
que l'on estimait pouvoir se monter à 8 ou 12.000 hommes, campaient au-dessus de Derna, leur masse principale sur la gauche de l'oued, en dehors de la portée de
nos pièces d'artillerie les plus puissantes. L'adversaire
n'avait plus le courage d'attaquer la place, mais faisait,
à grande distance, pleuvoir sur la ville, des projectiles
qui, quoique inoffensifs, n'en constituaient pas moins
une gêne au point de vue moral et permettaient aux journaux étrangers d'écrire que nous étions assiégés par les
troupes d'Enver Bey. Rejoints par des renforts et désormais rassurés sur la solidité de notre base de Derna, nous
nous portâmes en avant le 4 septembre dans le but d'occuper la position dite du Rudero, à la tête du Laggati,
pour y construire un ouvrage de fortune ainsi que celles
de Casr Ras el Leben et de Casa Aronne pour protéger
les travailleurs du Rudero. L'ennemi préféra refuser le
combat et se retira dans l'intérieur du pays. Néanmoins,
le résultat matériel et moral de ce mouvement en avant
était considérable, car on avait ainsi montré que l'on
pouvait construire des ouvrages et en imposer à l'adversaire loin de la place de Derna et en dehors de la zone
de tir de nos ouvrages.

Combat de Casr Ras el Leben
(17 septembre 1912).

Après quelques tentatives peu sérieuses de l'ennemi,
les 15 et 16 septembre, sur divers points de nos lignes,
le 17 eut lieu un véritable combat; nous ne l'avions pas
recherché, mais on peut néanmoins le considérer comme
tel, car il fut une conséquence directe de notre mouvement en avant et des emplacements que nous avions
occupés et conservés depuis la soirée du 14.

L'affaire se divisa en trois actions distinctes : une première action de peu d'importance à notre extrême gauche au cours de laquelle l'ennemi fut facilement repoussé; les deux autres très sérieuses, la première dans la matinée, à la tête du Bent, la deuxième dans l'après-midi, de nouveau à notre extrême gauche; dans ces deux derniers engagements, l'ennemi fut anéanti et laissa le terrain couvert de morts et de blessés.

Dans cette mémorable journée, les efforts des Turco-Arabes, dont les forces s'élevaient à plusieurs milliers de fantassins, accompagnés d'artillerie bien commandée et conduits par Enver Bey en personne, vinrent se briser contre notre fermeté, notre calme et notre vigoureuse contre-offensive. Toutes nos troupes, aussi bien les troupes érythréennes et indigènes que les blanches, furent habilement et brillamment commandées par leurs officiers; les conceptions tactiques furent d'une netteté absolument remarquable et les dispositions prises s'harmonisèrent dans la perfection avec les circonstances et nous permirent de retirer les plus grands résultats de la victoire.

Nos pertes s'élevèrent à 10 officiers et 174 hommes de troupe tués et blessés; celles de l'ennemi furent de beaucoup supérieures : plus de 1.135 morts furent enterrés à proximité de nos lignes.

Combat de Sidi Abdallah III et de Braksada
 (8-10 octobre 1912).

Un peu plus tard, le 8 octobre, en vue d'élargir vers l'ouest la zone de protection que nous donnait la ligne d'ouvrages, on attaqua de nouveau l'ennemi; il fut repoussé et nous occupâmes Sidi Abdallah et le Halgh Giaraba; le 10, l'ennemi fut encore battu sur le Bu Msafer, après avoir subi de grosses pertes.

Zone de Tripoli.

Bataille de Sidi-Abdul-Gelil ou de Zanzur (8 juin 1912).

Pendant ce temps, dans la zone de Tripoli, à l'ouest de Gargaresc, les Turco-Arabes étaient parvenus à creuser, en partant de Sidi-Abdul-Gelil et en se dirigeant vers le Sud, une ligne de tranchées « à la boer », profondes, améliorées peu à peu, échelonnées en divers points sur plusieurs étages et renforcées par des abris blindés avec chemins couverts; il leur était ainsi possible le long de ces tranchées de faire avancer des effectifs considérables à courte portée des lignes de Gargaresc, tandis que, sur les autres points, la masse principale de leurs troupes restait tout naturellement à 15 ou 20 kilomètres de nos avant-postes.

Il était donc nécessaire d'écarter le danger que constituait pour nous ce moyen d'approche de l'ennemi; à un autre point de vue, nous pouvions espérer qu'un succès de nos troupes assurerait la soumission de la tribu des Ursceffana, qui depuis quelque temps donnait des signes de lassitude; enfin, on rabattrait ainsi la jactance des Turco-Arabes qui prétendaient que, dans leurs tranchées de Zanzur, ils assiégeaient nos ouvrages de Gargaresc et que les dites tranchées étaient inexpugnables.

Ce sont donc des raisons d'ordre à la fois militaire, politique et moral qui nous déterminèrent à nous porter en avant le 8 juin, autrement dit à livrer la bataille de Zanzur.

Les Turco-Arabes défendirent énergiquement le marabout de Sidi-Abdul-Gelil et leurs retranchements, mais nos troupes, animées d'un élan irrésistible, surmontèrent tous les obstacles. Dans une charge à la baïonnette, drapeaux déployés, elles finirent par faire une large brèche dans la ligne ennemie. Bousculé, enfoncé dans une suite de résistances désespérées, l'adversaire s'enfuit rapidement vers l'oasis de Zanzur, accompagné par les feux de notre infanterie et de notre artillerie. En moins de quatre heures de combat, grâce au courage de nos officiers et de leurs hommes, la triple et redoutable ligne de retranchements turco-arabes, proclamée inexpugnable, tombait entre les mains de nos troupes.

Entre temps, une colonne ennemie d'environ 10.000 combattants avait essayé de tourner le flanc gauche de nos troupes engagées contre Sidi-Abdul-Gelil; mais nous avions disposé deux réserves, respectivement à Gargaresc et à Bu-Meliana, et, pendant que la première faisait face à l'ennemi, la seconde tombait sur son flanc droit; elle ne réussit d'ailleurs pas à l'envelopper, car il s'enfuit avant qu'elle eût eu le temps, mais les pertes qu'elle lui infligea n'en furent pas moins considérables.

Dans la journée du 8, nos pertes s'élevèrent à 43 morts dont un officier et 278 blessés, dont 13 officiers; celles de l'ennemi furent bien plus considérables : 1.130 cadavres furent relevés par nos troupes et, si on ajoute le nombre des morts que l'ennemi réussit à emporter au commencement de la bataille, on arrive certainement à un total de plus de 2.000 morts; quant au nombre des blessés, il dut être des plus élevés.

Nos officiers et nos soldats firent admirablement leur devoir; audacieux et impétueux dans l'offensive, calmes et tenaces dans la défensive, ils ont manœuvré et combattu pendant 14 heures, faisant preuve d'une résistance remarquable; ils furent d'ailleurs favorisés par la température qui, heureusement, le jour de la bataille, ne fut pas aussi accablante que les jours précédents. Les Ascaris ont prouvé qu'ils sont véritablement une troupe de fer et ont montré en outre combien sont solides les liens d'affection et de dévouement qui les attachent à notre drapeau.

Bataille de Sidi-Bilal (20 septembre 1912).

L'occupation de la hauteur de Sidi-Abdul-Gelil nous permettait de dominer l'oasis de Zanzur; mais, en vue d'opérations ultérieures, nous devions nous assurer la possession effective de l'oasis et par suite chercher à l'occuper, en prenant pied soit sur les hauteurs qui l'entourent du côté du Sud, soit sur la hauteur de Sidi-Bilal, en passant au delà de l'oued Hira. Le 20 septembre 1912, trois jours après la sanglante défaite éprouvée à Derna par les troupes d'Enver bey, l'ennemi était de nouveau battu à Sidi-Bilal, laissant environ 2.000 hommes sur le champ de bataille et cessait définitivement toute résistance dans la zone de Tripoli.

Nos pertes furent sérieuses, quoique bien inférieures à celles de l'ennemi : 10 officiers tués et 22 blessés, 105 hommes de troupe tués et 411 blessés.

Les troupes avaient dû manœuvrer et combattre sur un terrain qui rendait leur marche fatigante et les déplacements difficiles; à certaines heures, la température avait été accablante, 32 degrés à l'ombre; néanmoins, conduits par des officiers qui surent être pour eux de merveilleux exemples, nos soldats de toutes les armes, de tous les corps, y compris les coloniaux, furent véritablement admirables tant par la résistance dont ils firent preuve pendant dix heures de combat que par le moral des plus élevés dont ils ne cessèrent d'être animés.

Zone de Tobruk.

La nécessité d'augmenter la sécurité de la base d'opérations de Tobruk en la transformant peu à peu en place maritime, organisée tout d'abord du côté de la terre, puis du côté de la mer, nous conduisit à entreprendre et à poursuivre dans cette localité une série de travaux de renforcement méthodique suivant une progression bien déterminée.

L'effectif des forces ennemies augmentait continuellement, de nombreuses attaques se produisaient contre nos travailleurs occupés à la construction des ouvrages et des rencontres avaient lieu avec nos troupes en reconnaissance, les unes et les autres toujours peu importantes bien que parfois assez sanglantes.

Lorsque notre organisation défensive fut terminée, les attaques de l'ennemi se firent plus rares et diminuèrent d'importance; vers la fin du mois de juillet, elles cessèrent tout à fait.

TABLEAU RÉCAPITULATIF
des pertes subies par l'armée italienne.

LOCALITÉS	OPÉRATIONS	Hommes hors de combat (tués ou blessés)	
		Officiers	Troupe
Région de Zuara.	Combat de Bu-Chemese (23 avril 1912).	1	63
	Combat de Sidi-Saïd (26, 27, 28 juin 1912).	3	236
	Combat de Sidi-Ali (14 juillet 1912).	7	82
	Occupation de Zuara (6 août 1912).	»	»
	Combat et occupation de Regdaline (15 août 1912).	5	122
Zone de Tripoli.	Combat de Henni-Sciara-Sciat (23 octobre 1911).	21	482
	Combat de Henni-Bu-Meliana (26 octobre 1911).	18	172
	Affaire de la batterie Hamidie (6 novembre 1911).	»	19
	Combat de Henni-Messri (26 novembre 1911).	6	119
	Combat et occupation d'Aïn-Zara (4 décembre 1911).	7	123
	Reconnaissance de Bir-Tobras (19 décembre 1911).	2	89
	Combat et occupation de Gargaresc (18-20 janvier 1912).	1	67
	2ᵉ combat d'Aïn-Zara (28 janvier 1912).	»	14
	Bataille de Sidi-Abdul-Gelil ou de Zanzur (8 juin 1912).	14	320
	Bataille de Sidi-Bilal (20 septembre 1912).	32	516
Zone de Homs	Reconnaissance de Lebda (1ᵉʳ décembre 1911).	»	14
	A reporter.	117	2.438

LOCALITÉS	OPÉRATIONS	Hommes hors de combat (tués ou blessés)	
		Officiers	Troupe
	Report.	117	2.438
Zone de Homs	Combat et occupation du Mergheb (27 février 1912).	13	80
	Combat nocturne du Mergheb (5-6 mars 1912).	1	5
	Combat et occupation de Lebda (2 mai 1912).	4	59
	Combat des Monticelli de Lebda (12 juin 1912).	4	86
Zone de Misurata.	Combat et occupation de Misurata (8 juillet 1912).	7	135
	Combat du Gheran (20 juillet 1912).	6	113
Zone de Bengasi	Débarquement de la Giuliana et conquête de la Berca (19 oct. 1911).	10	95
	Combat de Koefia (28 novembre 1911).	3	67
	Défense de Bengasi (25 décembre 1911).	»	»
	Combat des « Deux Palmes » (12 mars 1912).	17	160
Zone de Derna	Combat du 24 novembre 1911.	2	74
	Combat du 16 décembre 1911.	1	24
	Combat du 27 décembre 1911.	10	108
	Combat du 17 janvier 1912.	»	14
	Combat des 11-12 février 1912.	1	60
	Combat de Sidi-Abdallah I (3 mars 1912).	22	227
	Combat de Sidi-Abdallah II (14 septembre 1912).	2	11
	Combat de Casr-Ras-el-Leben (17 septembre 1912).	10	174
	Combat de Sidi-Abdallah III et de Braksada (8-10 octobre 1912).	2	93
Zone de Tobruk	Combat de Hagiass-Nadura (22 décembre 1912).	3	20
Dans la Mer Egée	Combat de Psitos (16-17 mai 1912).	1	33
	Total.	236	4.076

En tenant compte des engagements de moindre impoi-
tance qui ont eu lieu tous les jours, peut-on dire, dans
les divers postes, le chiffre des hommes mis hors de
combat pendant cette guerre d'une année s'élève en tout
(officiers et hommes) à 5.652, dont 1.432 morts et 4.220
blessés. Il y eut en outre 1.948 soldats qui moururent
de maladies, sans compter les pertes que nous eûmes à
subir pendant les trois premiers mois qui suivirent la
conclusion de la paix, c'est-à-dire jusqu'à la date du
16 janvier 1913.

III

LES SERVICES

Le soin et l'ordre qui présidèrent à la mobilisation, l'entrain, la résistance physique et morale des troupes ainsi que leur instruction professionnelle, l'enthousiasme avec lequel le pays accueillit l'expédition que nous nous apprêtions à entreprendre, étaient autant d'éléments primordiaux de grand succès. Mais la guerre use les énergies, entraîne des consommations énormes de munitions et de matériel de tout genre; aussi, sans le secours vivifiant de renforts et de ravitaillements continuels, une expédition, quelle qu'elle soit, même parfaitement préparée, bien entreprise et bien conduite, ne saurait se terminer par un succès.

Il était donc nécessaire de disposer d'un ensemble complet de services techniques pour satisfaire aux besoins si divers et si nombreux des troupes en opérations, tâche fatigante, sans gloire et privée de satisfactions tangibles, mais qui n'en réclame pas moins énormément de prévoyance et une provision d'énergie considérable.

Dans la dernière guerre, les personnels de tous les services, indistinctement, ont montré qu'ils possédaient ces qualités.

Le rôle de l'intendance fut des plus pénibles en raison de l'incertitude des communications maritimes et des difficultés d'aborder sur les côtes de Libye; il fut en même temps des plus considérables, étant donnée la complexité du travail, puisqu'il fallait non seulement rassembler et envoyer sur le théâtre de la guerre les vivres et le matériel correspondant aux prévisions normales, évacuer les malades, les blessés, les prisonniers, le matériel inutilisable, mais encore fournir jusqu'au bois de chauffage et à l'eau pour boire et faire la soupe.

On choisit Naples comme centre de groupement pour les approvisionnements; ce fut la « *Base principale d'opérations* » et c'est dans ce port qu'eurent lieu les embarquements les plus importants; un certain nombre d'autres furent effectués dans les ports de la Sicile.

Les chiffres suivants, qui ne sont qu'approximatifs, permettent de se faire une idée de ces transports pendant la période qui s'écoula entre les mois d'octobre et de décembre 1911.

Nombre de bateaux partis de Naples pour la Libye	141
Nombre de bateaux partis de la Sicile pour la Libye	25
Nombre d'hommes transportés	90.000
Nombre de chevaux et de mulets	12.000
Nombre de têtes de bétail	10.000
Nombre de tonnes de denrées et de matériel divers	40.000

On affréta 42 vapeurs, mais, en février 1912, comme on pouvait admettre que les gros transports de troupes étaient terminés, l'intendance ne conserva que 32 bâtiments; elle était ainsi en mesure de pouvoir assurer d'une manière certaine le ravitaillement du corps expéditionnaire et transporter, le cas échéant, un nouveau corps d'une dizaine de mille hommes.

Étant donné ce nombre de navires, on songea à établir une ligne de transports spéciale pour le ravitaillement de chacun des points que nous occupions sur la côte de Libye; on aurait en outre conservé un certain nombre de bâtiments disponibles pour les transports extraordinaires de troupes ou de matériel. Mais cette mesure était à peine prise que la nécessité d'envoyer de nouvelles troupes pour occuper de nouveaux points et l'état exceptionnellement mauvais de la mer pendant l'hiver vinrent montrer qu'il était impossible de la maintenir et on dut pourvoir aux besoins du corps expéditionnaire en se servant des bâtiments au fur et à mesure qu'ils étaient disponibles sans qu'il fût possible d'établir d'avance un plan de transport.

L'intendance se préoccupa vivement des mauvais temps auxquels nous venons de faire allusion ainsi que de la situation de nos points de débarquement qui n'offraient ni ports ni abris et étaient de simples rades ouvertes (sauf peut-être Tripoli, qui est, d'ailleurs, au point de vue de son port, dans d'assez médiocres conditions); elle fit donc de son mieux pour munir les diverses plages d'échelles de halage, pour organiser des ancrages, etc., pour assurer le mieux possible la conservation des moyens de débarquement; néanmoins, les embarcations et les divers remorqueurs subirent des avaries; un certain nombre se perdirent même par suite du mauvais temps.

Il en résulta que, dans l'hiver 1911-1912, on ne put pas maintenir toujours au complet, comme on l'aurait voulu, les dépôts de vivres établis sur les divers points d'occupation de la côte de Libye et ce fut à grand peine que l'intendance parvint à assurer le ravitaillement quotidien.

L'expérience fut mise à profit et, à partir du mois de mai 1912, l'intendance s'appliqua à constituer les nouveaux magasins établis en Libye sur un pied de 90 jours de vivres au lieu de 15, chiffre du plan primitif, de manière à éviter toutes préoccupations et tous sujets d'inquiétude pour l'hiver suivant de 1912-1913.

Pendant que l'intendance effectuait ces ravitaillements, on constituait et on transportait d'autre part les nouveaux détachements de Macabez, Rhodes, Misurata et Zuara et on procédait au rapatriement, au renvoi et au remplacement des classes 1888-1889; ces opérations absorbaient le plus grand nombre des transports, de telle sorte qu'il n'en restait qu'un très petit nombre disponible pour assurer la constitution des nouveaux dépôts de vivres.

Les quelques chiffres qui suivent montrent quelle fut dans la période précitée l'importance des mouvements effectués :

Nombre de vapeurs partis de Naples.	185
Nombre d'hommes transportés d'Italie en Libye pour la constitution des nouveaux détachements et la relève des deux classes 1888-1889	124.000
Nombre d'hommes rapatriés de Libye en Italie.	70.000
Nombre de chevaux et de mulets transportés.	12.000
Nombre de têtes de bétail	9.500
Nombre de tonnes de denrées et de matériel divers.	85.000

Outre ces opérations principales, l'intendance dut assurer l'exécution d'autres services non moins importants, au premier rang desquels on doit mentionner la fourniture de l'eau envoyée d'Italie dans des bateaux-citernes; elle dut également transporter les matériels nécessaires à la construction des magasins, au forage et à l'établissement de nouveaux puits ou à l'utilisation des puits existants. Elle dut aussi assurer le ravitaillement en glace, soit en l'expédiant d'Italie, soit en la fabriquant sur place au moyen de machines frigorifiques et en la transportant dans de petites caisses chargées sur des animaux de bât à la suite des troupes.

Ces dernières mesures montrent à quel point on se préoccupa d'assurer l'hygiène des troupes et de maintenir leur état sanitaire dans les meilleures conditions possibles. C'est encore dans le même but qu'on expédia en Libye de grandes quantités d'eaux minérales, de

citrons et de produits destinés à stériliser l'eau, qu'on
dota les garnisons des organisations les plus modernes
pour empêcher l'éclosion et la propagation des maladies
épidémiques, qu'on chercha à soigner et à abriter les
malades le mieux possible, en faisant de nombreux envois de médicaments et en constituant des baraquements
des types les plus perfectionnés.

Pour le transport des malades et des blessés, on employa des navires spécialement aménagés; pendant les
premiers mois de la guerre, on disposa de quatre de ces
bâtiments; ce nombre fut réduit à deux à partir du mois
d'avril 1912. Le service de ces navires-hôpitaux fut orga-
nisé de manière que chaque garnison pût recevoir la
visite de l'un d'eux trois ou quatre fois par mois : en
règle générale, les malades et blessés furent évacués en
Italie, dans les hôpitaux civils et militaires de la Sicile,
de la province de Naples et de celle de Toscane. Le nombre total de ces évacuations pendant la guerre se monta
à 23.921 malades et 2.802 blessés.

Enfin, pour le service des transports à terre, on eut
recours à la traction animale et à la traction mécanique.

On envoya en Libye le nombre nécessaire de voitures
et d'animaux et on procéda sur place à l'achat de chameaux destinés aux opérations éventuelles vers l'intérieur du pays; d'autre part, on importa 300 autocars
environ qui donnèrent la plus belle preuve du rendement que ces véhicules peuvent fournir, même dans un
pays dépourvu de routes.

En même temps, on mettait en place d'énormes quantités de matériel Decauville et, de concert avec l'administration des chemins de fer de l'Etat, on assurait les
transports du matériel de voies ferrées nécessaire à la
construction des lignes qui sont maintenant en partie
terminées, en partie en voie d'achèvement. On assura
encore le rassemblement et l'expédition d'environ 60.000

tonnes de matériaux destinés aux travaux civils et militaires en maçonnerie et en charpente.

L'intendance coopéra donc d'une manière efficace à toutes les entreprises et opérations civiles et militaires qui eurent lieu pendant les 12 mois de la campagne en s'inspirant constamment dans l'accomplissement de sa tâche, du principe suivant : permettre toujours au commandement d'opérer sans préoccupation d'aucune sorte et sans que les troupes aient jamais à supporter de privations.

Un examen rapide des différents services pris séparément nous montrera combien fut intense et variée l'activité qu'ils déployèrent et qui leur permit de contribuer pour une large part au succès de l'expédition.

Il convient de remarquer qu'il ne sera pas toujours possible d'établir une séparation bien marquée entre eux, car ils s'entr'aidèrent réciproquement; aussi, dans les chapitres qui suivent, le nom figurant en tête de chacun d'eux sera celui du service qui se sera le plus particulièrement occupé des travaux ou des ravitaillements que l'on considère, mais il devra être entendu que d'autres services ont participé dans une plus ou moins large mesure à l'exécution de ces travaux ou de ces ravitaillements.

SERVICE DE L'ARTILLERIE

En fort peu de temps, malgré une mer peu favorable, on réussit à débarquer de nombreuses batteries de montagne et de campagne et des quantités considérables de munitions; on put également les acheminer rapidement dans les directions qu'imposaient les exigences de la guerre, malgré toutes les difficultés provenant d'un terrain sablonneux, souvent détrempé et rendu fangeux par les pluies.

Les pièces de calibre moyen elles-mêmes (canons et obusiers de 149, mortiers de 210) purent être promptement débarquées, quoique nous n'ayons eu au début à notre disposition que des moyens de débarquement rudimentaires; elles furent transportées non moins rapidement sur les positions de batteries, malgré les chemins défoncés.

Des quantités considérables de munitions et d'explosifs furent déposées dans des poudrières et des dépôts remaniés et améliorés ou nouvellement construits.

On organisa et on agrandit peu à peu les ateliers de mise en état et de réparation des armes, des différents matériels d'artillerie, des équipages de transports, etc., ainsi que les magasins destinés à abriter les matières premières, les armes, les munitions et le matériel pris à l'ennemi (armes, munitions, explosifs).

Pour apprécier toute l'importance d'un pareil travail, il suffit de songer à la variété et à la quantité de matériels dont sont dotés les corps et les services, aux dégradations qu'ils subissent dans une campagne de longue durée, dégradations qu'aggravent encore les intempéries et le sable qui s'infiltre dans les mécanismes les plus perfectionnés et les mieux garantis.

On dut organiser des ateliers pour les forgerons, les mécaniciens, les armuriers, les menuisiers, les selliers, etc., civils et militaires. On répara le matériel d'artillerie, les mitrailleuses, les armes portatives, les voitures, le harnachement, les bicyclettes, les gamelles, les marmites, les appareils téléphoniques, les tentes, les outils de terrassiers, les pompes, etc. Les ateliers de Tripoli pourvurent également aux besoins des petits détachements auprès desquels on ne put installer des ateliers que bien plus tard, ateliers d'ailleurs qui n'eurent toujours qu'un rendement limité.

Dans les centres plus importants de Bengasi et de Tripoli, et en particulier dans ce dernier, on fabriqua des objets spéciaux (boucliers pour artillerie de 75 A et de 70 de montagne, bâts pour chameaux, enveloppes pour torpilles terrestres, armatures de bât pour le transport des boucliers à dos d'animaux), du matériel réglementaire pour remplacer rapidement celui qui avait disparu, du matériel de travail et de fabrication; enfin, on construisit des baraques et des hangars pour abriter le personnel et pour y installer les ateliers eux-mêmes.

D'autre part, on étudia et on adopta d'utiles dispositions pour accroître le rendement des services et obtenir un meilleur emploi de l'artillerie; on expérimenta une nouvelle organisation du train en remplaçant les chevaux par des mulets; on étudia le moyen d'adapter aux canons de campagne des chapelets de patins articulés et élastiques pour en faciliter le roulement; on prit des mesures pour préserver des rayons directs du soleil les munitions des batteries de campagne et pour améliorer les conditions de surveillance et de sécurité des poudrières et des autres dépôts de munitions; on installa des communications téléphoniques avec les nombreuses batteries qui avaient été créées et on établit des observatoires de surveillance.

Enfin, on organisa des batteries à dos de chameaux qui présentèrent des avantages indiscutables au point de vue administratif, tactique et économique. Le chameau, en effet, supporte bien la fatigue des longues marches, se nourrit de ce qu'il trouve sur place et peut rester quelques jours sans boire; pendant le combat, il s'accroupit et n'offre qu'un but peu vulnérable; de plus, il ne s'effraie pas sous la fusillade, se laisse conduire et surveiller facilement, se nourrit à peu de frais et ne souffre pas des chaleurs excessives.

SERVICE DU GÉNIE

Le génie eut l'occasion de s'employer largement en surmontant chaque jour d'innombrables difficultés provenant du pays, du climat, de l'ennemi et de la pénurie des ressources; son rôle commença dès le débarquement, avec la construction des appontements; il fut toujours des plus actifs.

Les troupes du génie apportèrent le concours de leur travail technique aux autres armes en perfectionnant les premiers travaux de défense exécutés par la création de défenses accessoires et d'ouvrages, le dégagement des vues et des champs de tir, l'amélioration des voies de communication; elles prirent part à tous les combats en faisant toujours preuve d'un admirable esprit de sacrifice, en n'épargnant ni leur fatigue, ni leur sang.

Les résultats qu'obtinrent les diverses spécialités du génie permettent de se rendre compte des efforts qu'elles ont fournis. Les compagnies de sapeurs encadrèrent les unités chargées de la mise en état de défense des différents points que nous occupions sur la côte; les travaux exécutés furent considérables, étant donné leur énorme développement. Il suffira de rappeler que, dans la seule zone de Tripoli, nos fantassins et nos artilleurs creusèrent avec le plus grand soin plus de 20 kilomètres de retranchements dans lesquels ils apportèrent tous les perfectionnements possibles, de manière à y rendre le séjour moins fatigant; on construisit encore différentes batteries et redoutes de campagne et semi-permanentes ainsi que 600.000 mètres carrés environ de défenses accessoires; on dégagea les champs de tir dans l'oasis, très touffue et très favorable aux surprises, en raison des chemins encaissés entre d'impénétrables digues de terre, des murs de séparation et des haies de figuiers d'Inde qui entourent chaque petite pièce de terre.

Le génie ne négligea rien pour perfectionner son matériel et ses moyens d'action et les adapter aux conditions particulières dans lesquelles on se trouvait au point de vue du pays et de la manière spéciale de combattre de l'ennemi. On étudia également et on installa de nouveaux réseaux de fil de fer faciles à mettre en place, des positions d'embuscade et des observatoires transportables.

En profitant de l'expérience acquise dans l'exécution des travaux, on arriva en quelques jours après la fin de chaque combat à pouvoir fortifier les positions conquises de manière à permettre aux troupes qui s'en étaient emparé de résister à n'importe quel retour offensif de l'ennemi.

On perfectionna le type normal des baraques et des tentes afin de les approprier aux nécessités du climat et du pays; on dressa des équipes spéciales de puisatiers avec les instruments et appareils d'hydraulique et d'hygiène nécessaires pour le forage des puits, dont on creusa plusieurs centaines, pourvus presque tous de moyens mécaniques de puisage.

Le génie ne fut pas moins actif dans la construction des nouvelles lignes télégraphiques et téléphoniques et dans la remise en état des lignes existantes. A Tobruk, on établit un réseau téléphonique d'un développement total de 4o kilomètres avec environ 6o kilomètres de fil reposant sur le sol, enterré ou placé sur supports; à Bengasi, les lignes télégraphiques et téléphoniques atteignirent un développement de 132 kilomètres; à Tripoli, on installa 195 kilomètres de lignes télégraphiques permanentes en partie souterraines et en parties aériennes, 4o kilomètres de lignes téléphoniques, 5o stations télégraphiques, 5o téléphoniques, 12 optiques; le nombre total des dépêches envoyées journellement dépassa 2.000. Les installations qui furent faites dans les autres garnisons eurent moins d'importance, mais partout on établit un grand nombre de lignes volantes provisoires et faciles à déplacer.

En même temps que la télégraphie, la radio-télégraphie se comporta non moins brillamment. Dès le 14 octobre, Tripoli communiquait avec les navires, contribuant ainsi à maintenir, par des transmissions rapides, cette mutuelle et parfaite entente entre les forces de terre et de mer qui eut une si grande importance pendant la guerre.

Au mois de novembre, Tripoli, Homs, Lampedusa et Vittoria se trouvaient reliées entre elles; après la visite du Commandeur Marconi, le nombre des stations dans les divers points que nous occupions alla toujours en augmentant jusqu'à atteindre le chiffre de 8 avec un total de 31.000 transmissions de radio-télégrammes. Ainsi, la radio-télégraphie arriva rapidement à jouer dans la guerre terrestre un rôle aussi important que dans la guerre navale.

On procéda en outre à diverses expériences de perfectionnements de matériel; c'est ainsi que les stations radiotélégraphiques sur voitures supportant mal le roulement furent transformées en stations portées sur des bâts, à dos de mulets ou de chameaux.

L'exploration aérienne, au moyen du « Drachen », contribua dans une large mesure au succès des opérations en favorisant la reconnaissance du terrain et en facilitant le tir de l'artillerie de terre et de celle des navires. Le « Drachen » fit des ascensions non seulement dans les divers secteurs des places, dans les conditions que réclamaient les exigences de la situation, mais aussi sur mer, attaché à un brigantin spécialement aménagé et traîné par un remorqueur. On arriva ainsi à régler le tir sur les points occupés par l'ennemi, soit dans l'intérieur des couverts de l'oasis, soit dans le désert aux grandes distances.

Le rôle de surveillance qui incombait au « Drachen » pendant le jour, lorsque les circonstances atmosphériques ne s'y opposaient pas fut confié, pendant la nuit, au service photoélectrique qui prit une grande importance, étant donnés l'adversaire auquel nous avions affaire et tous les moyens dont il disposait.

L'exploration à longue distance fut assurée par les

dirigeables et les aéroplanes qui jouèrent également le rôle de combattants, rôle encore limité, puisqu'à cette époque on était au début de la période d'étude des moyens d'attaque dont ils peuvent disposer.

Le premier vol eut lieu à Tripoli le 22 octobre 1911; successivement, l'emploi des aéroplanes s'étendit à Bengasi, en novembre 1911, à Tobruk, en décembre de la même année, et respectivement à Derna, à Ferua, à Zuara, en mars, avril et août 1912.

Les deux dirigeables P 2 et P 3 commencèrent leur service à Tripoli, dans les premiers jours de mars, après la construction d'un hangar pour les deux ballons et celle de baraquements, ateliers, dépôts, magasins, etc.; le 16 décembre, une première installation avait été détruite par un ouragan. La première ascension eut lieu le 5 mars 1912 et, à partir de ce jour, les ascensions se succédèrent aussi nombreuses que les conditions atmosphériques de la région le permirent; les deux ballons restèrent presque continuellement en service. Pendant la période des hostilités, ils effectuèrent en tout 90 ascensions; jusqu'au 12 avril, date à laquelle ils s'élevèrent au-dessus de Ras-Macabez, les deux dirigeables sortirent et naviguèrent de conserve, ou du moins en vue l'un de l'autre, de manière à se prêter réciproquement assistance en cas d'accident; à partir de cette date, ils effectuèrent leurs reconnaissances séparément, et, autant que possible, ils alternèrent dans leur service.

Le dirigeable P 1 arriva à Bengasi le 11 mai, y resta jusqu'au 13 juillet et effectua, pendant les deux mois que dura son séjour, neuf ascensions, dont la première eut lieu le 29 mai et la dernière le 12 juillet.

Les aéroplanes et les dirigeables exécutèrent des reconnaissances d'exploration et des reconnaissances offensives; dans les premières, les observateurs, procédant par intuition et par raisonnement, aidés en outre par l'expérience qu'ils acquéraient peu à peu, parvinrent à repérer tous les chemins, à déduire des mouvements qu'ils voyaient, la destination ou la provenance des colonnes de ravitaillement, à découvrir les oasis, à déterminer pour chacune d'elles la possibilité qu'elle avait de se défendre, à apprécier la nature, l'importance et la marche des ravitaillements ennemis, à repérer et à distinguer les camps turcs des camps arabes et des campements des populations sans armes, à reconnaître les magasins, etc.

Les reconnaissances offensives se sont traduites par le lancement de bombes dans les ascensions ou les vols ordinaires et la participation des aéroplanes et dirigeables à divers faits de guerre.

Malheureusement, les circonstances atmosphériques ne permirent pas toujours aux uns et aux autres de prendre part aux véritables combats, car, à cette époque, la technique n'était pas assez perfectionnée pour qu'on puisse obtenir des effets matériels considérables en lançant des bombes; mais l'effet moral obtenu fut toujours des plus appréciables et notre armée conservera la gloire d'avoir la première expérimenté cette nouvelle arme offensive.

On exécuta aussi des reconnaissances photographiques qui fournirent de précieux appoints au service de renseignements et permirent d'établir des cartes photographiques. Enfin, les dirigeables et les aéroplanes participèrent à la propagande politique en lançant des proclamations imprimées en arabe par les soins du bureau politique militaire.

En résumé, la navigation aérienne et l'aviation rendirent de précieux services et si la nature du terrain particulièrement favorable à l'observation des détails, spécialement en Tripolitaine, a facilité leur tâche qui sera plus difficile sur d'autres théâtres d'opérations, dans des terrains montagneux riches en cultures et en couverts, ainsi qu'en présence d'un ennemi mieux outillé pour se défendre contre eux, on peut dire néanmoins que cela ne diminue en rien le mérite de l'expérience que nous avons eu la bonne fortune de faire pour la première fois et qui constituera pour l'avenir une source d'enseignements des plus précieux.

En même temps que se développaient les opérations et qu'on procédait à l'établissement provisoire des « bases », on entreprenait les études et les travaux nécessaires en vue de l'organisation définitive de ces dernières : on construisait des ouvrages de fortification permanente et on commençait à élever des murs d'enceinte pour se garantir contre toute attaque imprévue et de vive force de la part des nombreux Arabes sous les armes, qui, pleins de mépris pour le danger, auraient pu essayer de pénétrer dans les villes; ces enceintes étaient en maçonnerie de hauteur suffisante pour arrêter toute tentative d'irruption, même momentanée et empêcher les paniques de se répandre dans la population, entraînant avec elles de dangereuses émeutes.

Etant donnés l'exiguïté des moyens et le peu de main-d'œuvre dont on disposait, on exécuta des travaux considérables pour la construction et l'amélioration de bâtiments destinés à servir de casernes, d'hôpitaux, de bureaux, de logements, de magasins, etc., l'édification de groupes de baraquements et de nombreux pavillons pour l'agrandissement des divers hôpitaux.

On organisa également des dépôts pour abriter les vivres, les munitions et le matériel des divers services; on installa des fours et des abattoirs, on créa, pour les réserves d'eau, de nombreux et vastes réservoirs avec des stérilisateurs, des pompes, des moteurs à explosion et des moteurs à air.

Enfin, le génie installa des laboratoires qui devinrent le siège de nombreuses expériences et utilisations pratiques auxquelles les divers services techniques se livrèrent pendant les douze mois que dura la campagne, en mettant à profit les faits et observations de chaque jour.

Le service si important des automobiles se tira parfaitement d'affaire; nous en parlerons à propos des transports.

SERVICE DE SANTÉ

En ce qui concerne uniquement l'armée, le service de santé et la Croix-Rouge installèrent rapidement leurs formations respectives en apportant progressivement à leurs installations les perfectionnements qu'exigeaient les conditions spéciales du climat et du pays et la situation des troupes, de manière à assurer le traitement des malades et des blessés dans les meilleures conditions possibles.

En outre, on améliora les anciens hôpitaux militaires turcs et on organisa des dépôts de convalescents sur lesquels on dirigea les hommes qui, après leur guérison et leur sortie des hôpitaux, ne pouvaient immédiatement reprendre leur place dans le rang.

Les maladies principales qui sévirent parmi les troupes furent pour la plupart des maladies de l'intestin et, pendant la saison des pluies, des affections rhumatismales. En tenant compte de l'effectif moyen sous les armes, la proportion des entrées journalières dans les hôpitaux, infirmeries-hôpitaux, varia entre un minimum de 1,30 p. 1.000 au mois de mars et un maximum de 2,10 au mois d'octobre. D'une manière générale, la situation sanitaire des troupes fut donc plus que satisfaisante et le service de santé peut à juste titre être fier des résultats obtenus; il faut ajouter que, dans les combats, on vit toujours son personnel remplir sa tâche avec un sang-froid qui ne se démentit jamais, sachant faire le sacrifice de sa vie et prenant même parfois les armes pour défendre les postes de secours contre nos cruels ennemis.

On ne doit pas être moins satisfait lorsque l'on songe à l'énergie et à l'héroïsme avec lesquels le service de santé réussit à combattre la grave épidémie de choléra qui éclata parmi les indigènes; sans les dispositions qui furent prises, cette épidémie aurait pu faire de grands ravages dans les troupes en compromettant le succès de l'entreprise.

Nous dirons quelques mots plus loin de cette épidémie et des autres mesures qui furent prises par le service de santé militaire, de concert avec les médecins civils pour sauvegarder l'hygiène publique.

SERVICE DU COMMISSARIAT

L'organisation de ce service fut parfaite dès les premiers jours de l'occupation et ne cessa jamais de l'être à travers les vicissitudes de toute la campagne. Les difficultés que rencontrèrent les débarquements par suite du mauvais état de la mer, les nombreux obstacles qui vinrent nuire à la rapidité et au bon ordre du rassemblement des vivres et des approvisionnements dans les dépôts et dans les centres de distributions furent surmontés dès les premiers temps, grâce à l'intelligence, à la résistance infatigable et à l'esprit d'abnégation dont fit preuve le personnel qui parfois même, comme dans les derniers jours d'octobre à Tripoli, n'hésita pas à faire le sacrifice de sa vie. Malgré les longues et fréquentes immobilisations des vivres sur les transports, sur les embarcations, sur les plages et sur les quais peu nombreux et peu spacieux, malgré les fréquents mélanges de ces vivres avec des approvisionnements de toute sorte, et enfin malgré le manque presque absolu de moyens nécessaires pour les protéger contre les intempéries, on réussit toujours à faire parvenir aux troupes des vivres frais et du pain de bonne qualité, même pendant les engagements et sur les points les plus éloignés des centres d'approvisionnements.

Peu à peu on réussit à améliorer les moyens dont on

disposait en donnant de plus en plus aux diverses installations un caractère de stabilité.

C'est ainsi, par exemple, que la fabrication du pain eut d'abord lieu pendant quelques jours à bord des navires, comme à Bengasi; puis on installa des fours de campagne; enfin, par la suite, on utilisa des fours en maçonnerie abandonnés par les Turcs et des fours que l'on put construire. Les magasins des vivres de distribution journalière et des vivres de réserves s'agrandirent successivement et on facilita leur fonctionnement par la construction de tronçons de voies ferrées, se raccordant avec les lignes en exploitation. Avec l'extension de la zone que l'on occupait autour des divers points de la côte dont on avait pris possession, il fallut organiser des succursales du service des subsistances; la nécessité s'en fit surtout sentir dans la zone d'occupation de Tripoli, qui était la plus étendue et on dut installer ces succursales à Aïn-Zara, Taguira, Gargaresc, Fornari, Trik-Taruna, Sidi-Abdul-Gelil, Gheran, avec des fours en maçonnerie à Aïn-Zara, à Taguira et Sidi-Abdul-Gelil.

Toutes les dispositions furent prises pour donner aux hommes et aux animaux la meilleure nourriture possible en rapport avec leurs besoins; la ration journalière fut augmentée et composée d'aliments variés.

Ainsi que nous l'avons déjà dit, les difficultés que l'on rencontra, particulièrement au début de la campagne, n'eurent aucune répercussion sur les corps de troupe; mais, pour arriver à un tel résultat, il fallut déployer une somme d'énergie considérable, étant donnés les besoins énormes auxquels on devait satisfaire. A Tripoli, par exemple, on distribua pendant toute l'année que dura la guerre plus de 12.600.000 rations de vivres, avec une moyenne journalière de 34.000 rations; on assura la nourriture d'environ 10.000 chevaux et mulets, 3.000 chameaux, et 1.500 bœufs, pour lesquels il fallut journellement plus de 600 quintaux de foin et 500 quintaux d'avoine et d'orge; on consomma 130.000 quintaux de bois avec une moyenne journalière d'environ 1.500 quintaux.

A Bengasi, le total des rations distribuées jusqu'à la conclusion de la paix s'élève à 4.500.000, avec une moyenne journalière d'environ 13.000 rations; on abattit 6.500 bœufs et on consomma par jour en moyenne environ 5 quintaux de bois, 70 d'avoine et d'orge, 65 de foin et de paille.

C'est dans des proportions analogues que fonctionnèrent les autres services du Commissariat, en particulier ceux de l'habillement et des équipages ainsi que le service de la trésorerie; il convient d'ajouter qu'on ne demanda pas tout à la mère-patrie et qu'on chercha à utiliser les ressources que les énergies locales étaient susceptibles de procurer en amenant le commerce, les grandes et les petites industries à reprendre leur vie ordinaire.

Indépendamment du service des troupes, le commissariat fut souvent appelé à pourvoir aux besoins de la nombreuse population indigène. population pauvre, et que la guerre avait privée de ses ressources coutumières.

SERVICE DES TRANSPORTS.

L'importance des travaux qui furent nécessaires pour constituer et faire fonctionner les bases d'opérations donna dans les premiers temps de l'occupation, aux opérations de débarquement et d'embarquement, une importance supérieure à celle des autres parties du service des transports. La tâche était difficile, étant donnés le petit nombre des moyens de débarquement et de remorque dont on disposait, l'insuffisance des quais, l'état presque toujours défavorable de la mer, la grande quantité de troupes de toutes armes, de matériels de toute espèce, d'animaux.

de canons et de voitures que l'on devait mettre à terre et la rapidité imposée par la situation militaire.

Plus tard, l'augmentation du nombre des embarcations dont on put disposer et la construction d'appontements et de quais plus larges, par les soins de l'administration militaire et de l'industrie privée, diminuèrent beaucoup les difficultés que rencontrait le fonctionnement régulier du service des transports; il convient.d'ajouter que les irrégularités qui se produisirent n'eurent aucune répercussion sur le bien-être des troupes ou sur la marche des opérations, grâce à l'activité qui fut déployée par tout le monde.

Le service des transports à terre prit un développement considérable dès le premier jour. Les difficultés que l'on rencontra dans les débarquements conduisirent nécessairement à accumuler parfois sur des espaces restreints des monceaux d'approvisionnements et de denrées plus ou moins pêle-mêle qu'il fallait ensuite trier pour les transporter jusqu'aux magasins, les remettre aux organes de distributions et enfin les distribuer aux troupes sur la ligne de combat.

Il fallut donc créer une organisation forte et souple qui fut toujours en état d'assurer non seulement les besoins ordinaires et qu'on pouvait prévoir, mais aussi ceux qui surgissaient à l'improviste; d'autre part, cette organisation devait pouvoir satisfaire à toutes les exigences multiples des opérations militaires de quelque nature qu'elles soient, loin de toutes ressources et dans des régions absolument inhospitalières.

Aussitôt après l'occupation de Tripoli, on eut l'idée d'avoir recours aux autocars; l'expérience réussit parfaitement et leur emploi s'étendit à presque tous les points que nous occupions sur la côte, mais, naturellement, on s'en servit surtout en Tripolitaine et en particulier dans la zone de Tripoli où on employa 160 des 300 autocars qui au total furent expédiés en Lybie.

Le service de la traction mécanique fut des plus précieux au point de vue de la rapidité de l'évacuation des quais de débarquement, du ravitaillement des troupes, du transport des matériaux de construction et des évacuations provenant des campements et même de la ligne de feu pendant les engagements. Ce fut une lourde et pénible tâche dont le service se tira tout à son honneur, en accomplissant chaque jour de longs parcours dans des régions accidentées et absolument désertes; on peut donc avoir une confiance aussi complète que possible en ce nouveau mode de transport à la suite des troupes; quelles que soient les circonstances et aux distances les plus considérables, il s'exécutera toujours avec une grande économie de temps et de fatigue.

On peut affirmer que le service des transports, avec son organisation complexe et le fonctionnement de tous les services particuliers, réussit non seulement à pourvoir aux besoins ordinaires de troupes d'un effectif considérable et à ceux des premières administrations publiques et même des particuliers qui s'établirent dans le pays, mais aussi à satisfaire aux exigences des opérations militaires en assurant dans des conditions merveilleuses les ravitaillements et les évacuations du champ de bataille; ce sont là des expériences qui constituent un enseignement des plus précieux.

SERVICE VÉTÉRINAIRE

Les animaux furent toujours très bien nourris et continuellement en état de faire leur service; leur état sanitaire se maintint également toujours dans des conditions satisfaisantes malgré les inconvénients des longues traversées et des longs séjours à bord, malgré le climat et les fatigues qu'ils eurent à supporter.

On eut, particulièrement à Tripoli, quelques cas de

maladies infectieuses, de morve, notamment, qui survinrent à la suite des contacts inévitables avec les animaux indigènes; mais on eut recours à d'énergiques mesures pour les combattre, en même temps que l'on prenait toutes les précautions nécessaires pour assurer la surveillance des animaux appartenant aux particuliers. Aussi, non seulement on put empêcher le développement des maladies infectieuses, mais encore les enrayer rapidement.

Quant aux chameaux, leur état d'entretien et leur état sanitaire allèrent toujours en déclinant et ils rendirent de moins en moins de services; les causes en sont diverses et proviennent pour la plupart des exigences de la guerre. Ainsi, par exemple, le régime sec auquel ces animaux furent soumis ne leur convenait pas; d'autre part, l'obligation dans laquelle on se trouvait d'en rassembler un grand nombre sur le même point, de les laisser séjourner dans des milieux qui leur étaient défavorables, de les employer sans avoir toujours pour eux les ménagements qu'on aurait dû avoir, la nécessité inévitable de se servir d'un personnel mercenaire dont il était difficile de se faire obéir, sont autant de raisons qui expliquent la forte mortalité de ces animaux malgré toute l'active surveillance et les soins intelligents des vétérinaires.

SERVICE POSTAL.

Les difficultés d'organisation, la grande quantité de travail qu'entraînèrent, dès le premier jour, les nombreuses correspondances d'une telle quantité de troupes avec la mère-partie, rendirent le service postal excessivement compliqué au commencement de la campagne; l'irrégularité des arrivées et des départs des paquebots postaux en raison de l'état de la mer et l'augmentation continuelle de l'effectif du corps d'occupation contribuèrent bientôt à augmenter ces complications.

Puis, les déplacements des troupes qui se produisirent à l'improviste et sans interruption autour de Tripoli, ainsi qu'entre cette ville et les autres garnisons de la Lybie et de la mer Egée, les nombreux rapatriements et les non moins nombreuses relèves eurent à leur tour des répercussions successives sur la marche du service en augmentant les difficultés de sa tâche.

Un personnel actif et dévoué à son devoir fit face à toutes ces difficultés en se multipliant avec un véritable esprit d'abnégation. En vue de faciliter la correspondance des hommes de troupe avec leur famille et même de permettre à ceux qui savaient simplement signer de pouvoir envoyer directement de leurs nouvelles, on imagina des cartes postales spéciales avec des phrases imprimées qui furent distribuées gratuitement. En outre, le Ministre des Postes et Télégraphes favorisa la correspondance militaire en distribuant également gratuitement des centaines de mille de cartes postales, de format plus grand que le format réglementaire; un peu plus tard, il accorda même la franchise pour les lettres.

IV

RÉSULTATS OBTENUS

au

POINT DE VUE CIVIL ET POLITIQUE

L'activité des services ne se borna pas seulement à pourvoir aux besoins des troupes; elle s'employa aussi avec sollicitude à des tâches ayant un caractère purement civil, mais qui n'en étaient pas moins utiles au point de vue des opérations militaires et qui servirent en quelque sorte à jeter les bases des progrès que nous voulions introduire dans cette terre restée trop longtemps à l'abandon.

Ces tâches étaient nécessairement aussi complexes qu'étendues; étant donné l'état de guerre, il fallait procéder graduellement.

En prévision de l'avenir, on voulait que notre action politique nous permit de rèndre réellement effective notre souveraineté sur la Lybie aussi rapidement que possible, tout en économisant le sang de nos soldats; on voulait également faire disparaître toute trace des rancunes que la guerre laisse inévitablement derrière elle, de manière à établir rapidement une véritable cordialité dans nos rapports avec nos nouveaux sujets.

On chercha donc à inspirer aux Arabes, au besoin par la peur de châtiments exemplaires, le respect et la crainte de notre force, mais d'autre part, on s'ingénia à les convaincre, — en leur en donnant des preuves continuelles — de notre désir d'introduire dans leur pays une ère nouvelle de bien-être et de prospérité, tout en respectant leurs croyances, leurs usages et leurs traditions.

L'autorité militaire commença par se mettre seule à

l'ouvrage; mais presque immédiatement, notamment à Tripoli, elle trouva de précieux auxiliaires dans les fonctionnaires.civils qui furent appelés dans la colonie, et nos soldats, après avoir sous la direction de leurs chefs, entrepris à eux seuls les premiers travaux furent, quelques mois après le début de la guerre, puissamment aidés par les personnels de direction et de travailleurs civils envoyés d'Italie.

On peut donc dire que civils et militaires associèrent et complétèrent tour à tour leurs travaux. Dans cet ordre d'idées, il est bon de faire observer, à notre grande satisfaction et tout à notre éloge, l'accord complet et la cordialité des rapports qui régnèrent constamment entre les autorités civiles et les autorités militaires; c'est à cet accord et à cette cordialité que nous devons en grande partie les résultats obtenus en quelques mois, résultats qui furent absolument remarquables dans les principaux centres d'occupation.

Les abords.

Ainsi que nous l'avons dit, les premières et peut-être les plus grandes difficultés que l'on rencontra provinrent des abords, des débarquements et des embarquements, par suite du manque de points favorables sur presque toute la côte de Lybie dépourvue de ports et battue très souvent par une mer très grosse.

On projeta donc de construire des ports et on commença les travaux nécessaires; on organisa les ancrages aussi bien que possible, on établit des jetées, des quais, des dépôts, on installa des grues pour activer le débarquement des marchandises, on pratiqua même des dragages, comme à Macabez, par exemple, où le chenal de la baie fut creusé jusqu'à 4 m. 1/2, de manière à permettre le passage des navires de faible tonnage.

Naturellement, ce fut dans les deux ports principaux

de Tripoli et de Bengasi, que fut accompli l'œuvre la plus considérable; les travaux qui furent projetés et en partie commencés pour augmenter la sûreté de ces ports sont réellement grandioses; on construisit des appontements et des quais d'un développement considérable; on installa des appareils de déchargement d'une très grande puissance. En outre, l'évacuation des marchandises débarquées fut facilitée par l'établissement d'un chemin de fer Decauville qui conduisit des appontements et des jetées jusqu'aux magasins et aux voies ferrées en exploitation.

Levés du terrain.

Nous fûmes amenés immédiatement à porter notre attention sur la topographie de la Lybie qu'il était indispensable de connaître, au moins dans la zone du littoral, en raison des opérations qui s'y déroulaient. Les notions que l'on possédait à cet égard n'étaient qu'approximatives et incomplètes, en particulier en ce qui concerne la Cyrénaïque; souvent, ces notions n'avaient d'autre provenance que les relations de quelques voyageurs. Une commission de l'Institut géographique militaire entreprit donc, dès le premier jour de l'occupation, des études de géodésie et de topographie et procéda aux premiers levés de terrain; ce fut le commencement d'un travail régulier qui doit être continué. On put avoir ainsi rapidement, non seulement pour la zone de Tripoli, mais pour toutes les localités de la Lybie que nous occupions, des cartes à diverses échelles suffisamment exactes, tirées à un nombre considérable d'exemplaires, malgré les moyens de reproduction limités dont nous disposions.

Voies de communications ordinaires et voies ferrées.

La viabilité, même dans le voisinage des lieux habités, était des plus défectueuses; sur certains points, les chemins faisaient complètement défaut ou se réduisaient à quelques sentiers d'un parcours difficile.

C'est à Derna qu'il était le plus urgent de remédier à cet état de choses, en raison de la difficulté des communications entre le littoral et le plateau; les chemins suivis par les caravanes, d'un parcours facile sur le plateau, en arrivant au bord de ce plateau, se changeaient en de simples pistes à travers les arêtes et les rochers escarpés du versant qui descend vers la mer. Dès les premiers jours, on chercha donc à améliorer l'un de ces sentiers en le transformant peu à peu en un excellent chemin muletier; puis, au mois de décembre, on commença la construction des routes carrossables; deux d'entre elles suivirent les hauteurs de la rive droite et de la rive gauche de l'oued de Derna, une autre très large dans la plaine, se relia avec la route qui passe sur les hauteurs de la rive gauche de l'oued, une dernière enfin chemina dans le lit même de l'oued Derna.

Les travaux des routes de montagne furent difficiles, en particulier pour celle de la rive gauche, qui, pendant plus de 2.500 mètres, dût être creusée à mi-côte, en pleine roche et qu'il fallut en beaucoup de points consolider par de hauts murs de soutènement. Sur le plateau, les travaux furent plus faciles et deux routes purent arriver respectivement, d'une part, aux positions de Marabutto, de Sidi-Abdallah et du Segnale, d'autre part, à Casr-Ras-el-Leben et à Casa-Aronne; la première remplacera, quand elle aura été prolongée, la route des caravanes vers Aïn-Mara; la seconde pourra devenir la voie de communication principale vers Mantuba et Bomba.

Le long de la plage et des routes plus larges de ja plaine, on installa une voie Decauville, à traction animale, pour faciliter les transports, et en particulier celui de l'eau. On établit aussi un funiculaire aérien d'une portée de 3oo mètres à travers le vallon de Giaraba, pour effectuer le transport (avec un maximum de charge de 2oo kilogrammes), d'un versant de la vallée à l'autre en évitant ainsi un long parcours de montée et de descente.

A Bengasi, les difficultés topographiques que rencontra la construction des routes furent moins grandes qu'à Derna; pourtant, on n'avait pas sur place de matériaux de ballast et l'emplacement des carrières de pierre était tel que pour transporter la pierre, il fallait recourir aux animaux de bât. Néanmoins, on put créer des routes carrossables qui relièrent Bengasi avec la Giuliana (à travers le Sibback sur lequel on jeta un pont de deux travées tournantes, avec l'oasis de Foeyat (puits d'eau potable), avec la palmeraie de Sabri et avec les divers ouvrages de fortifications. Sur les routes ordinaires, on installa une voie Decauville à faible écartement, de manière à faciliter le fonctionnement des services, en particulier celui du transport de l'eau, qu'on assurait jusqu'à ce moment à l'aide de la traction animale.

A Tobruk, étant donnée la nature du terrain accidenté et raviné, on eut à surmonter des difficultés considérables dans l'établissement du réseau routier. Néanmoins, on réussit à ouvrir un certain nombre de routes carrossables que purent suivre les autocars, et qui, sur le périmètre de la ligne des forts, atteignirent un développement total de 21 kilomètres. Dans le tracé de ces routes, on tint compte des besoins du pays dans l'avenir et c'est ainsi que deux des routes carrossables, partant de Tobruk, empruntent à peu près le tracé des chemins de caravanes qui conduisent à Solum et à Derna.

Dans les autres garnisons de la Lybie, on créa quelques chemins secondaires destinés à satisfaire aux exigences militaires du moment; mais on ne fit rien d'important, étant donné que le pays est plat et qu'il est possible, malgré le sable, de se déplacer assez facilement.

A Tripoli, dans les premiers jours de l'occupation, on songea à construire un réseau de voies ferrées Decauville pour relier d'abord les quais de débarquement avec les

entrepôts et les magasins de distribution et par la suite
la ville elle-même avec celle d'Aïn-Zara; on prépara donc
la pose d'une ligne à double voie de 75 centimètres, sur
une longueur de 20 kilomètres. Puis, en vue des opérations à entreprendre dans l'intérieur du pays, on envisa-
gea l'extension de l'emploi des voies ferrées et on étudia
le projet d'une ligne de 60 kilomètres; en même temps,
il parut plus opportun de remplacer le matériel Decauville par du matériel à écartement de 95 centimètres, de
manière à augmenter le rendement de la ligne, qui devait
être le premier tronçon du futur réseau ferré lybien. La
voie Decauville fut dès lors réservée comme voie secon-
daire aux transports nécessités par les divers travaux de
constructions.

En mars 1912, Tripoli était en communication par chemin de fer avec Aïn-Zara, en avril, avec Gargaresc; un
embranchement de cette ligne Tripoli - Gargaresc con-
duisait aux carrières de pierre situées dans cette dernière
localité et permettait le transport des matériaux nécessaires aux travaux des ports. Au mois de juillet, la ligne de
Tripoli - Tagiura fut terminée et, dans les premiers jours
de septembre, elle fut prolongée jusqu'à Zanzur.

Entre temps, on créait une station centrale et une gare
de triage à Tripoli avec toutes les installations nécessaires, y compris des ateliers.

Tous ces travaux, ainsi qu'un certain nombre d'autres
de moindre importance, furent exécutés dans le minimum de temps et, au moment de la conclusion de la
paix, on disposait d'environ 60 kilomètres de lignes à
deux voies, avec 4 locomotives, une voiture de 1re et de
2e classe, deux wagons blindés, 12 wagons-citernes, 62
wagons de modèles divers et 12 wagonnets d'outillage.

En même temps, on entreprenait les études pour l'établissement d'une ligne à deux voies de plus de 60 kilomètres qui devait accompagner les troupes dans leurs opé-
tions vers l'intérieur du pays et on commençait à expé-

dier d'Italie les rails nécessaires pour l'établissement de cette ligne, ainsi que tout le matériel roulant correspondant.

Le service des communications dut également se préoccuper de l'extension du front occupé par les troupes; il lui fallut donc déployer une activité considérable en surmontant des difficultés de débarquement, de transport et de main-d'œuvre qui sont loin d'être négligeables.

Dans les îles de la mer Egée, on eut aussi à exécuter quelques travaux de route. A Rhodes, outre la création de la route qui va de la capitale de l'île à Fanès, par Kum-Barnu et Trianta, route qui fut rendue carrossable, même pour les autocars, on répara celle qui conduit de Rhodes à la fontaine de Rodino et on la prolongea en empruntant un chemin muletier jusqu'à l'auberge de Kalitheas, sur un développement de 12 kilomètres.

Une autre route créée fut celle qui, de la baie de Trienta, monte à Smith, puis descend à Rhodes; elle est empierrée et large de 3 mètres. C'est la vieille route des chevaliers qui n'était devenue qu'un simple sentier quoiqu'elle fût la communication la plus directe entre Trianta et Rhodes et par cela même le chemin préféré des habitants. Le travail fut assez long à exécuter et ne se termina qu'en octobre, car on dut réparer ou refaire complètement des ponceaux et des murs de soutènement.

A Leros, la compagnie qui y fut détachée répara la route Partheni-San-Marina sur une longueur de plus de 5 kilomètres.

Télégraphes ou téléphones.

Nous avons déjà fait connaître, en parlant du service du génie, les nombreuses communications télégraphiques, téléphoniques et radio-télégraphiques qui furent créées en vue d'un intérêt militaire immédiat; un grand nombre d'elles furent les premières lignes d'un réseau très serré qui se développera de plus en plus, au fur et à mesure du réveil qui ne peut tarder à se produire dans notre colonie.

Conduites d'eau.

Le problème de l'eau fut l'un des plus sérieux que l'on dut résoudre pendant la guerre. Nous avons vu que, dans les premiers temps, il fallut amener d'Italie presque toute l'eau qui nous était nécessaire, puis qu'on creusa des puits et qu'on installa des appareils pour utiliser et stériliser l'eau des puits trouvés dans le pays.

Peu à peu, on entreprit des travaux destinés à procurer la solution définitive de ce grave problème, non seulement afin de pourvoir aux besoins de nos soldats, mais aussi pour fournir le précieux liquide à la population indigène.

Vers la frontière tunisienne, on n'obtint pas de grands résultats, car à Bu-Chemesc, l'eau est salée et on dut abandonner un puits que l'on creusait après être arrivé à 100 mètres de profondeur sans trouver l'eau douce. La presqu'île de Macabez offre bien de l'eau douce, mais la nappe est à une faible profondeur et par cela même, l'eau peut être souillée facilement. A Tripoli, on utilisa les sources de Bu-Méliana et on remplaça les conduites existantes; mais l'eau ne suffit pas à la population et cette dernière a pour ainsi dire renoncé à se servir de l'eau des puits. Des travaux sont en cours d'exécution pour amener les eaux d'Hamidie, qui alimenteront Hara, Sciara-Sciat, et les nouveaux quartiers qui ne manqueront pas de se construire dans ces parages. Mais ces dispositions ne suffiront pas à faire face aux nécessités qu'entraîneront avant peu l'augmentation de la population et la diffusion des habitudes européennes; on a donc cru opportun d'envisager pour la solution définitive de ce problème de l'alimentation en eau l'étude des couches de terrain de l'oasis et la continuation des études entreprises pour amener l'eau de la source d'Aïn-Gebana près d'Aïn-Zara; cette eau est de bonne qualité et en quantité suffisante pour satisfaire aussi largement que possible aux besoins de la ville.

A Misurata, on mit en place les conduites et les appareils nécesaires et, à la conclusion de la paix, il ne fallait plus guère qu'un mois de travail pour fournir à la ville de l'eau potable, prise aux puits de Mangush, distants de plus d'un kilomètre et profonds de 18 mètres.

A Bengasi, on fit l'étude nécessaire pour prendre l'eau des puits de Foeyat et l'élever mécaniquement dans un grand réservoir d'une capacité de 200.000 litres.

A Derna, l'eau est meilleure et plus abondante qu'en aucun autre point de la côte de Lybie. Avant notre occupation, indépendamment de nombreux puits, la ville disposait de l'eau amenée par deux aqueducs couverts qui courent le long des rives de l'oued Derna : celui qui est sur la rive gauche s'appelle « Seghia » et vient de la source d'Aïn-Derna, à environ 5 kilomètres de la ville et à 53 mètres au-dessus du niveau de la mer; celui qui est sur la rive droite est appelé « Bu-Mansur » et vient de sources très lointaines et qu'on n'a pas encore pu situer exactement. Dès les premiers jours de l'occupation, ce dernier aqueduc fut détruit par les Turco-Arabes et nous n'eûmes plus à notre disposition que l'aqueduc de la rive gauche : il nous fournit d'ailleurs l'eau en quantité plus que suffisante. Pour parer néanmoins à toute tentative de destruction, on barra l'oued Derna et on créa un bassin d'où l'eau fut amenée par une conduite de fonte dans un réservoir en maçonnerie construit près de la ville et muni de bouches de prise nécessaires.

Les quelques puits et sources trouvés à Tobruk ne donnent tous que de l'eau plus ou moins saumâtre et toutes les recherches entreprises n'ont abouti qu'à des résultats négatifs. Dans la suite, on pourra certainement remédier à cet état de choses, quand il sera possible de procéder à de nouvelles recherches sur des points plus éloignés de la côte.

Mesures sanitaires et hygièniques.

L'état sanitaire des populations indigènes était des plus tristes, étant donnés leur manque de soins et leur hygiène défectueuse; aussi, dans toutes les places, on ouvrit immédiatement des ambulances gratuites, soit dans des établissements spéciaux, soit dans les hôpitaux militaires, soit même dans les infirmeries régimentaires.

Les indigènes se méfièrent tout d'abord, puis prirent confiance et affluèrent ensuite en grand nombre. C'est ainsi qu'à Homs, le nombre des malades, qui varia au début de 15 à 20 par jour, monta, un peu avant la conclusion de la paix, jusqu'à 60 ou 80 et même davantage; à Misurata, on visita et on soigna 5.000 malades du mois de juin, époque à laquelle eut lieu l'occupation, au mois d'octobre; à Bengasi, pendant l'année que dura la guerre, on soigna 32.507 malades.

A Rhodes, l'hospice civil et le bureau de la santé maritime furent aménagés selon toutes les exigences de la science moderne. Mais ce fut surtout à Tripoli que se fit sentir notre influence bienfaisante au point de vue sanitaire, en raison de l'énorme agglomération de la population et de la troupe, ainsi que de l'épidémie de choléra qui, à l'époque de notre débarquement, sévissait déjà parmi les indigènes.

Les premières mesures eurent pour but de localiser et d'éteindre l'épidémie; le personnel du service de santé militaire s'y employa tout d'abord seul, puis il reçut le concours du personnel sanitaire civil; les deux personnels rivalisèrent d'intelligence et d'abnégation. Malgré les immenses difficultés qu'ils rencontrèrent dans l'accomplissement de leur tâche par suite de la rareté de l'eau potable, du manque de propreté des maisons et des rues et du peu de moyens dont ils disposaient, ils purent avoir raison rapidement de la terrible épidémie.

Lorsque le danger du choléra eut diminué, les médecins trouvèrent un autre emploi de leur activité et devinrent des organisateurs; deux laboratoires, l'un de chimie et l'autre de bactériologie avaient été créés en toute hâte, ils les munirent des moyens et des instruments nécessaires pour leur permettre d'atteindre pleinement et complètement le but auquel ils étaient destinés; aussi ces laboratoires purent-ils rendre les mêmes services que les institutions correspondantes les plus parfaites du royaume. Pour se défendre contre les maladies contagieuses et pour les arrêter rapidement dans le cas où il s'en manifesterait, on créa des stations sanitaires maritimes aux points de débarquement; celle qui fut installée à Tripoli prit une importance toute spéciale, car cette ville est un centre renommé et de plus elle est un point de passage pour les pélerins qui vont à la Mecque, ou qui en reviennent.

Cette station se compose de bâtiments construits sur les ruines de la station sanitaire turque, qui renferment tout ce que la science et la pratique médicale exigent pour les institutions de ce genre. Là, on mit en observation et en quarantaine, au moment de leur débarquement, les personnes suspectes de maladies contagieuses; reconnues réellement malades, elles étaient isolées en dehors de la ville, dans un hôpital parfaitement installé, qui comporte 150 lits.

Certaines maladies tiennent à la situation spéciale de Tripoli et exigent des soins particuliers : ce sont les maladies vénériennes. Tout en présentant moins de dangers de diffusion et en offrant moins de gravité, elles méritent néanmoins de retenir l'attention : on créa pour elles des locaux spéciaux et un dispensaire particulier qui ont rendu d'immenses services.

Le dispensaire Bacelli fut considérablement agrandi:

il avait été créé avant l'occupation, comme moyen de propagande politique, par le ministère des Affaires étrangères; grâce au dévouement de quatre spécialistes du corps de santé militaire, il acquit une grande importance, en particulier pour les maladies des yeux, ainsi que pour celles des oreilles, du nez et de la gorge.

Le corps de santé se proposa un autre but et réussit à l'atteindre : ce fut d'améliorer les conditions hygiéniques et sanitaires de la population de la ville. On installa donc près de la municipalité un poste d'officier sanitaire secondé par un inspecteur, on nomma des médecins municipaux chargés provisoirement de l'assistance médicale à domicile dans les divers quartiers, des gardes sanitaires avec missions de surveiller dans les magasins les denrées alimentaires et de faire respecter les décrets publiés par le gouvernement au sujet des prescriptions médicales. Enfin, on améliora les conditions hygiéniques des établissements de la ville qui laissaient à désirer et on projeta de nouvelles organisations.

Services divers.

Dans toutes les localités occupées par nos troupes, on prit un grand nombre de mesures pour favoriser le développement des divers services. Naturellement, les résultats obtenus furent plus ou moins importants suivant les villes; cette importance qui atteignit son maximum à Tripoli, diminue au fur et à mesure qu'on considère des localités de plus en plus petites. L'activité que l'on déploya dans cet ordre d'idées varia d'ailleurs selon les conditions différentes dans lesquelles les diverses places se trouvaient au point de vue du voisinage plus ou moins immédiat de l'ennemi et de la permanence ou de l'interruption des hostilités.

Le caractère de résumé synthétique que présente le présent historique ne permet pas de parler de l'œuvre qui fut accomplie avec autant de détails qu'elle le mériterait.

Aussi, nous nous bornerons à une simple énumération pour donner une idée de l'activité qui fut déployée malgré l'état de guerre ininterrompu.

On organisa l'*Administration des douanes* et on rétablit *les taxes douanières*, en prenant toutes dispositions nécessaires pour ne pas alarmer le commerce des neutres, pour tenir compte des exigences locales, pour ne pas entraver le libre développement des industries et des constructions d'immeubles, etc., et enfin pour combattre l'usage excessif des boissons alcooliques.

Mais il aurait été impossible d'atteindre le but que l'on se proposait, c'est-à-dire d'assurer au commerce les conditions les plus favorables à son futur développement, si l'on n'avait apporté autant de soin et d'attention dans l'amélioration poussée aussi loin que possible des *services des ports*. On s'occupa donc de tout ce qui de près ou de loin touche à l'exécution de ces services, de la police et de la navigation dans l'intérieur même des ports, de la pêche à bord des bateaux, des taxes maritimes et sanitaires, du service de pilotage, des embarquements et des débarquements en ce qui concerne la fourniture de la main-d'œuvre, etc.

On établit *des monopoles* qui assurèrent rapidement l'organisation du commerce des tabacs, de sorte que la disparition de la régie ottomane des tabacs n'eût aucun inconvénient. On organisa le commerce du sel et, dans l'oasis de Tripoli, on chercha à développer, de la part des indigènes, la culture du tabac dit « de Fezzan et de Tripoli ».

On favorisa les *travaux publics* en commençant par les plus urgents, c'est-à-dire par ceux que motivait la nécessité de mettre les divers services des municipalités et du gouvernement que les Turcs avaient laissés dans un complet abandon en rapport avec la vie nouvelle qu'aménaît dans les villes notre immigration continuellement croissante.

D'autre part, outre les mesures prises au sujet de l'eau et de l'hygiène publique, dont nous avons déjà parlé, on étudia, — et ils sont en voie d'exécution, — l'établissement *de plans cadastraux, d'égouts* et *d'installations électriques;* on créa à Tripoli, une première *ligne transversale électrique* conduisant du centre de la ville au faubourg de Dahra; enfin, on aménagea des locaux pour en faire des logements, des dépôts d'archives, des prisons civiles, etc.

On donna aux organisations municipales un caractère particulier, vraiment national, et leur activité se déploya dans toutes les branches de l'administration : voirie, éclairage public, abattoirs, service de voitures publiques, hygiène, police urbaine, etc.

On réorganisa entièrement, à Tripoli, *les établissements de bienfaisance* en installant un refuge pour les orphelins et les enfants abandonnés qui sont soignés, élevés et entretenus à l'entière satisfaction des parents musulmans; partout, on s'occupa de distribuer *des aumônes,* rendues d'autant plus nécessaires que la misère des populations s'était encore accrue par suite de la guerre.

On se préoccupa de la *situation économique,* en prorogeant l'échéance des effets de commerce, en empêchant les spéculations illicites, en défendant l'acquisition des terrains, en contrôlant les ventes et achats déjà effectués, en diminuant la spéculation exagérée qui avait lieu sur le prix des loyers, en limitant la taille des palmiers pour en extraire le *lagbi.*

En outre, on chercha à favoriser le repeuplement et la culture des oasis, en distribuant des secours en argent, en empêchant les déprédations, en menaçant de confisquer les terrains abandonnés, en instituant le crédit agricole; on créa des champs d'expériences; à Tripoli, on fit même une expérience restreinte de sériciculture qui donna de la soie résistante et de bonne qualité.

On se hâta de rouvrir les *écoles italiennes* qui avaient été installées autrefois dans certaines localités et on en ouvrit de nouvelles.

D'autre part, il ne nous échappa pas qu'il était nécessaire, au point de vue moral, politique, esthétique et historique, de remettre en valeur le *patrimoine archéologique*, d'une valeur et d'une magnificence merveilleuses, que les Romains avaient laissé en Lybie. Les fouilles entreprises par nos troupes dans les premiers temps furent confiées par la suite à un personnel spécial; de plus, on créa, à Tripoli, une inspection archéologique.

Au début, *le service de la police* fut complètement confié aux carabiniers; puis, on installa des bureaux de police organisés sur le même pied que les questures du royaume, avec un personnel mixte d'Italiens et d'indigènes.

En ce qui concerne *la justice*, les tribunaux militaires, dégagés des entraves *des capitulations*, jugèrent tous les délits quels qu'ils soient, même ceux commis par les particuliers; d'autre part, des tribunaux analogues aux tribunaux consulaires prononcèrent sur les différents entre civils, dans lesquels intervenaient des Européens comme demandeurs ou comme défendeurs. Plus tard, vers la fin des opérations militaires, un décret sur l'organisation provisoire de la justice en Lybie, institua un tribunal civil et une cour d'appel à Tripoli, en détermina la compétence en matière pénale et en matière civile ainsi que les principales règles de procédure judiciaire et exécutive.

Enfin, on créa le service de *l'état civil et le cadastre*, on régularisa tout ce qui concerne les émigrations et les immigrations et on chercha à mettre plus d'ordre dans l'administration des deux principales fondations indigènes, celles du *Vakouf-Giarna* et du *Vakouf-el-Sur*, destinées respectivement à l'entretien des mosquées et à la sûreté des villes, en s'efforçant d'obtenir que le riche patrimoine du *Vakouf-el-Sur* tout au moins fût employé à entretenir des lits pour les indigènes dans les hôpitaux civils.

Tout ce qui fut fait en Libye en matière d'administration civile pendant la guerre eut évidemment pour résultat de montrer aux Arabes tout le bénéfice que notre nouvelle colonie pourrait retirer de la mise à exécution de nos projets; la comparaison entre l'ancien état de choses et le nouveau ne pouvait qu'être des plus avantageuses pour nous, étant donnée la misère extrême du pays et de la population. Mais les meilleurs résultats qui furent obtenus au point de vue politique sont évidemment dus à l'assistance médicale largement accordée aux indigènes, au respect de leurs traditions, de leurs coutumes, de leurs croyances religieuses; ce sont là des choses plus tangibles et qui frappèrent immédiatement les Arabes. C'est ainsi, en particulier, qu'on fit, avec beaucoup d'à-propos, tirer des salves d'artillerie en l'honneur de leurs cérémonies religieuses les plus solennelles, qu'on leur distribua des moutons pour la pratique de leur culte et qu'enfin on répara leurs mosquées qui avaient été endommagées par les bombardements.

D'autre part, on prit certaines mesures pour hâter la pacification des esprits et consolider notre domination dans notre nouvelle colonie.

Dans les centres les plus importants fonctionnèrent des bureaux politico-militaires avec des attributions diverses ayant pour but, les unes de concourir aux succès des opérations militaires (telles que les services d'information et de contre-espionnage, l'étude du terrain, etc.), les autres de gagner les Arabes à notre cause, en déjouant les manœuvres des Turcs et en combattant les calomnies répandues sur notre compte.

En vue de favoriser le retour des indigènes qui avaient pris la fuite, on décida de faire des distributions gratuites et périodiques de farine aux plus indigents, de leur donner de l'argent pour leur permettre de réparer leurs habitations et leurs puits, d'acheter des troupeaux, des outils, etc.; enfin, on leur consentit des prêts afin qu'ils puissent se procurer des bestiaux pour leur travail.

On entama des pourparlers avec les chefs arabes, car on s'était rendu compte que la foule suivrait aveuglément leur volonté; on les attira par la promesse de leur maintenir leur situation, de leur conférer des charges administratives. On les invita en outre à venir dans les villes, munis de saufs-conduits, pour juger des progrès qui, malgré la guerre, avaient pu être réalisés en aussi peu de temps, au point de vue de la civilisation. Comme il était difficile de se mettre en communication avec les Arabes des campagnes et avec ceux de l'intérieur du pays, en raison de la grande surveillance exercée par les Turcs sur les émissaires que nous envoyions, on eut recours à des proclamations en langue arabe, lancées du haut des dirigeables et des aéroplanes. C'est là le seul moyen que nous ayons eu de mettre les populations, laissées par les Turcs dans l'ignorance complète des événements survenus, au courant de la marche de la campagne et des victoires que nous remportions sur tout le théâtre de la guerre, de leur faire comprendre la manière dont nous entendions gouverner leur pays et de leur faire connaître l'accueil qu'avaient trouvé auprès de nous ceux de leurs compatriotes qui étaient rentrés dans leurs foyers.

CONCLUSION

Cette guerre fut compliquée et difficile, en raison d'une part du pays, du climat et du manque de ressources, et d'autre part des nombreuses et lourdes entraves que nous imposa la politique. L'œuvre que nous avons accomplie avec notre armée et notre flotte, soutenues par l'enthousiasme de toute la nation, peut véritablement être

considérée comme tout à fait remarquable, tant par l'habileté et la science que dénote le travail de préparation que par la valeur déployée dans de nombreux combats et la civilisation féconde qui se développa immédiatement dans cette vieille colonie romaine, jadis si prospère et qui, grâce à notre activité, va renaître glorieusement à une nouvelle vie.

S. M. le Roi manifesta sa haute satisfaction et résuma l'œuvre accomplie en adressant cet

ORDRE DU JOUR
à l'Armée et à la Flotte.

San Rossore, 29 octobre 1912.

« Dans l'épreuve solennelle à laquelle l'Italie a été appelée par ses nouvelles destinées, l'armée et la flotte ont dignement accompli leur devoir.

« A une sage préparation ont répondu sur terre et sur mer, une habile direction de la part du commandement, un brillant courage de la part des combattants. Les succès obtenus ont été la récompense méritée de l'active et intelligente coopération de tous, de l'abnégation, du calme et de la patience avec lesquels les dangers et les fatigues furent affrontés d'un cœur léger, du sacrifice de nobles existences accompli avec l'enthousiasme de la foi dans la Patrie!

« Gloire aux braves tombés pour la grandeur de l'Italie!

« A l'armée et à la flotte qui, unies fraternellement dans cette dure expédition, ont dignement personnifié la conscience nationale, j'adresse la chaude expression de mes plus vives félicitations, fidèle écho des applaudissements et de la gratitude de la Patrie ».

VITTORIO EMMANUELE.

Comme couronnement solennel de l'expédition, le 19 janvier 1913, S. M. le Roi passa en revue à Rome les drapeaux des corps et les députations de toutes les armes et services qui avaient pris part à la guerre; puis, s'avançant au milieu d'une double haie de peuple et des applaudissements de tous, il accompagna les drapeaux jusqu'au monument de Victor Emmanuel II; là, auprès de l'*autel de la Patrie*, « avec le symbole le plus pur et le plus glorieux de l'honneur militaire, comme hommage aux morts, récompense aux vivants, encouragement aux générations futures, de sa main, au nom de la Patrie, il consacra de nouveau devant l'histoire le courage des fils de l'Italie[1] ».

---

[1] Tiré du discours de S. E. le Ministre de la Guerre.

Note du traducteur : « Allusion aux décorations remises par Sa Majesté ».

TABLE DES MATIÈRES

Marc Imhaus et René Chapelot, imprimeurs, Nancy et Paris.